POSELSTVÍ KŘÍŽE

Dr. Jaerock Lee

URIM BOOKS

Dr. Jaerock Lee: **POSELSTVÍ KŘÍŽE**
Vydavatelství Urim Books (Zástupce: Seongkeon Vin)
235-3, Guro-dong 3, Guro-gu, Seoul, Korea
www.urimbooks.com

Pokud není uvedeno jinak, všechny citace z Písma pocházejí z Bible svaté, ČESKÉHO EKUMENICKÉHO PŘEKLADU, *, Copyright © 1995 vydaného Českou biblickou společností. Použito s povolením.

Předtím vydáno v roce 2002 v korejštině vydavatelstvím Urim Books

První vydání únor 2012

Úpravy: Dr. Geumsun Vin
Vnější úprava: Vydavatelství Urim Books
Více informací získáte na urimbook@hotmail.com.

POSELSTVÍ KŘÍŽE

PŘEDMLUVA

Přeji vám, abyste porozuměli Božímu srdci a jeho úžasnému plánu lásky a položili tak pevné základy pro svou vlastní víru.

Poselství Kříže přivedlo od roku 1986 na cestu spasení bezpočet lidí a předvedlo nespočetné dílo Ducha svatého skrze mnoho zahraničních kampaní. Nakonec, Bůh Otec mi k tomuto vydání požehnal. Vzdávám mu všechny své díky a slávu!

Mnoho lidí říká, že věří v Boha Stvořitele a zná lásku jeho Syna Ježíše Krista, ale nedokáže směle zvěstovat evangelium. Ve skutečnosti pouze málo křesťanů rozumí Božímu srdci a Boží prozíravosti. Mimoto jsou někteří křesťané od Boha odloučeni, protože nikdy neobdrželi jasné odpovědi na mnoho otázek uvedených v Bibli ani neporozuměli záhadné prozíravosti Boží lásky.

Například, co byste řekli, kdyby se vás někdo zeptal na tři následující otázky: "Proč Bůh do zahrady Eden umístil strom poznání dobrého a zlého a nechal z něj člověka jíst?" "Proč Bůh učinil peklo, i když svého Syna Ježíše Krista obětoval za hříšníky?" a "Proč je Ježíš jediným Spasitelem?"

Během prvních několika let svého křesťanského života jsem nedokázal porozumět hluboké Boží prozíravosti stvoření a jeho tajemné prozíravosti skryté za křížem. Potom, co jsem byl povolán jako služebník evangelia, začal jsem se sám sebe ptát: "Jak mohu vést nespočet lidí k cestě spasení a oslavovat Boha?" Uvědomil jsem si, že bych měl rozumět všem slovům v Bibli včetně těžko pochopitelných pasáží skrze Boží výklad a kázat je po celém světě. Postil jsem se tak často, jak jsem jen mohl a modlil jsem se za to. Uplynulo sedm let, než mi je Bůh začal zjevovat.

V roce 1985, zatímco jsem se vroucně modlil, jsem byl naplněn Duchem svatým. Ten začal vykládat tajemnou Boží prozíravost, která bývala skryta. Bylo to "Poselství kříže." Kázal jsem ho každou nedělní ranní bohoslužbu po dobu 21 týdnů. Kazetové pásky s "Poselstvím kříže" ovlivnily nespočet lidí doma i v zahraničí. Kdekoli se Poselství kříže kázalo, tam pracoval Duch svatý jako planoucí oheň. Mnoho lidí činilo pokání ze svých hříchů a bylo uzdraveno ze svých nemocí či chorobných stavů. Odhodili pochybnosti o Boží prozíravosti a získali opravdovou víru a věčný život. Do té doby zcela neznali Boha a jeho hlubokou lásku. Díky tomuto poselství začali chápat Boží plán, setkávat se s Bohem a mít naději ve věčný život.

Pokud máte jasno v tom, proč Bůh do zahrady Eden umístil strom poznání dobrého a zlého, můžete porozumět jeho prozíravosti ohledně tříbení člověka a milovat Boha ještě opravdověji. A co víc, poznáním skutečného smyslu svého života budete schopni bojovat se svými hříchy až do prolití krve, uděláte všechno pro to, abyste se podobali Pánu Ježíši Kristu a budete Bohu věrni až k smrti.

Poselství Kříže vám ukáže tajemnou Boží prozíravost skrytou za křížem a pomůže vám položit pevné základy pro opravdový a dobrý křesťanský život. Proto každý, kdo čte tuto knihu, bude schopen porozumět hluboké Boží prozíravosti a lásce, mít opravdovou víru a vybudovat a vést křesťanský život, který se bude líbit Božím očím.

Z celého srdce děkuji řediteli a zaměstnancům vydavatelství, kteří věnovali vydání této práce veškeré své úsilí. Rovněž mnohokrát děkuji překladatelské kanceláři.

Kéž bezpočet lidí porozumí hluboké Boží prozíravosti, setká se s Bohem lásky a je spaseno jako skutečné Boží děti - za toto všechno se modlím ve jménu Pána Ježíše Krista!

Jaerock Lee

ÚVOD

Poselství Kříže je Boží moudrost a moc a silné poselství, které musí všichni křesťané na celém světě přijmout!

Vzdávám všechny díky a slávu Bohu Otci, který nás vedl k vydání knihy Poselství Kříže. Velmi mnoho členů církve Manmin po celém světě se těšilo na její vydání. Tato kniha dává jasné odpovědi na spoustu otázek, nad kterými si mnoho křesťanů láme hlavu: 'Jaký byl Bůh Stvořitel před počátkem?' 'Proč Bůh stvořil člověka a nechal ho žít na této zemi?' 'Proč Bůh do zahrady Eden umístil strom poznání dobrého a zlého?' 'Proč Bůh poslal svého jediného Syna jako oběť usmíření?' 'Proč Bůh naplánoval spasení prostřednictvím těžkého dřevěného kříže?' a mnoho dalších.

Tato kniha se skládá z Duchem naplněných poselství kázaných Dr. Jaerockem Lee a pomůže vám poznat a porozumět hluboké, veliké a úžasné Boží lásce.

Kapitola 1, "Bůh Stvořitel a Bible," vám představí Boha a to, jak mezi vámi působí. Prostřednictvím této kapitoly naleznete důkaz živého Boha a uvědomíte si pravdivost Bible ve světle historie lidstva. Mimo to dokazuje nepravdivost teorie evoluce a pravdivost teorie stvoření.

Kapitola 2, "Bůh tvoří člověka a tříbí ho," dosvědčuje, že Bůh stvořil všechny věci ve vesmíru a utvořil člověka ke svému obrazu. Kromě toho vás tato kapitola vyučuje o skutečném smyslu lidského života a Božím záměru vychovávat lidské bytosti jako skutečné duchovní děti.

Kapitola 3, "Strom poznání dobrého a zlého," dává odpovědi na pro všechny křesťany fundamentální otázku : Proč Bůh do zahrady Eden umístil strom poznání dobrého a zlého? Tato kapitola detailně vysvětluje tento důvod a pomůže vám porozumět hluboké lásce a záhadné prozíravosti Boha, který tříbí lidské bytosti na zemi.

Kapitola 4, "Tajemství skryté dříve, než začal čas," vysvětluje vztah mezi právem vykoupení země a duchovním zákonem spasení člověka (Leviticus 25). Rovněž vysvětluje, že všichni lidé museli jít kvůli svým hříchům cestou smrti, ale Bůh připravil úžasnou cestu jejich spasení ještě dříve, než začal čas. Nakonec vás učí, proč Bůh skryl cestu lidského spasení až do doby, kterou si sám zvolil a jaké má Ježíš předpoklady pro podmínky práva vykoupení země.

Kapitola 5 "Proč je Ježíš naším jediným Spasitelem?" vysvětluje, jak byl Boží plán lidského spasení, který byl skryt ještě předtím, než začal čas, naplněn prostřednictvím Ježíše, důvod

jeho ukřižování, požehnání a práva Božích dětí, význam jména
"Ježíš Kristus", důvod, proč Bůh neurčil pod nebem žádné jiné
jméno než jméno Ježíš Kristus, kterým může být člověk spasen a
tak dále. Pokud porozumíte duchovní aplikaci poselství
popsaného v této kapitole, pocítíte nezměrnou lásku.

Kapitola 6, "Prozíravost kříže," vám osvětlí hluboký význam
Ježíšova utrpení. Jestliže byl Ježíš skutečným Božím Synem, proč
se narodil v chlévě a byl položen do jeslí? Proč byl celý život
chudý? Proč byl po celém těle bičován, korunován trnovou
korunou a přibit na kříž skrze nohy a ruce? Proč trpěl bolestí až
do prolití veškeré své krve a dokonce i vody?

Tato kapitola dává přesné odpovědi na takovéto otázky a
pomůže vám porozumět duchovní aplikaci jeho utrpení. Skrze
vaše porozumění a vaši víru v duchovní význam Ježíšova utrpení
budou vyřešeny všechny druhy onemocnění a chorob stejně jako
problémy jako jsou chudoba, rodinné rozepře, těžkosti v
podnikání atd. Tato kapitola vám pomůže poznat hlubokou
Boží lásku, odhodit všechnu špatnost a podílet se na božském
charakteru.

Kapitola 7, "Posledních sedm slov Ježíše na kříži," vysvětluje
duchovní aplikaci posledních sedmi Ježíšových slov na kříži
těsně předtím, než zemřel. Posledními sedmi slovy na kříži
naplnil Ježíš své poslání, které obdržel od Boha Otce. Tato
kapitola klade důraz na to, abyste porozuměli Ježíšově veliké
lásce k lidem, očekávali jeho druhý příchod a v naději vzkříšení
bojovali dobrý boj až do konce.

Kapitola 8, "Opravdová víra a věčný život," vám řekne, že se s naším ženichem Ježíšem Kristem stáváme jedno pouze skrze opravdovou víru. Bible varuje před těmi, kdo říkají, že věří ve Spasitele Ježíše Krista, ale v den soudu nebudou spaseni. Co se týče dosažení věčného života, Bible nepřikládá váhu pouze přijetí Ježíše Krista, ale také tomuto - jíst tělo Syna člověka a pít jeho krev. Opravdovou víru, která vás povede na cestu spasení, můžete mít, pokud jíte jeho tělo a pijete jeho krev. Tato kapitola vás rovněž učí podstatě opravdové víry, jak ji získat a co udělat pro to, abyste dosáhli úplného spasení.

Kapitola 9, "Narození z vody a Ducha," poprvé zmiňuje dialog mezi Ježíšem a Nikodémem. Tato výměna názorů končí Poselstvím kříže. Vaše srdce musí být neustále obnovováno skrze vodu a Ducha svatého, dokud se Ježíš nevrátí a k druhému příchodu Pána Ježíše Krista, době, kdy vás Pán přivítá jako svou překrásnou nevěstu, musíte udržet svého ducha, duši a tělo bez viny.

Kapitola 10, "Co je to hereze?", se ponořuje do podstaty hereze a projednává negativní a nesprávné pochopení tohoto tématu mnoha křesťany. Mnoho lidí dnes lehkomyslně zpochybňuje nebo osočuje mocné Boží skutky jako heretické nebo klamné, protože nezná biblickou definici hereze. Tato kapitola vás varuje, abyste nezpochybňovali ani neodsuzovali práci Ducha svatého jako heretickou a vysvětluje, jak můžete rozpoznat Ducha pravdy a ducha klamu a také některé denominace založené na herezi. Konečně, tato kapitola klade důraz na to, abyste byli bdělí, vytrvale se modlili a přebývali v pravdě. Jen tak neupadnete do pokušení ducha klamu.

Apoštol Pavel řekl o poselství kříže, Boží moudrosti, v 1 Korintským 1:18: *"Slovo o kříži je bláznovstvím těm, kdo jsou na cestě k záhubě; nám, kteří jdeme ke spáse, je mocí Boží."* Každý může mít opravdovou víru, setkat se s živým Bohem a naplno se těšit z křesťanského života, pokud porozumí tajemství skrytému za křížem a uvědomí si hlubokou prozíravost veliké Boží lásky k lidem.

Poselství Kříže je základním učením vašeho života. Proto se modlím ve jménu Pána, abyste mohli položit základy pro svůj křesťanský život a dosáhnout úplného spasení a věčného života.

Geumsun Vin,
Ředitel vydavatelství

OBSAH

PŘEDMLUVA

ÚVOD

Kapitola 1 _ Bůh Stvořitel a Bible • 1

- Bůh je Stvořitel
- Jsem, který jsem
- Bůh je vševědoucí a všemohoucí
- Bůh je autorem Bible
- Každé slovo v Bibli je pravdivé

Kapitola 2 _ Bůh tvoří člověka a tříbí ho • 21

- Bůh tvoří lidské bytosti
- Proč Bůh tříbí lidské bytosti?
- Bůh odděluje pšenici od plevele

Kapitola 3 _ **Strom poznání dobrého a zlého** • 37

- Adam a Eva v zahradě Eden
- Adam neuposlechl ze své vlastní vůle
- Mzdou hříchu je smrt
- Proč Bůh do zahrady Eden umístil strom poznání
  dobrého a zlého?

Kapitola 4 _ **Tajemství skryté dříve, než začal čas** • 59

- Adamova autorita vydaná ďáblu
- Právo vykoupení země
- Tajemství skryté dávno předtím, než začal čas
- Ježíš má předpoklady podle práva

Kapitola 5 _ **Proč je Ježíš naším jediným Spasitelem?** • 77

- Prozíravost spasení skrze Ježíše Krista
- Proč byl Ježíš pověšen na dřevěný kříž?
- Žádné jiné jméno na světě než jméno "Ježíš Kristus"

Kapitola 6 _ **Prozíravost kříže** • 95

- Narozen v chlévě a položen do jeslí
- Ježíšův život v chudobě
- Bičování a prolití krve
- Nesení trnové koruny
- Ježíšovy šaty a spodní oděv
- Přibit na kříž skrze nohy a ruce
- Ježíšovy nohy nebyly zlámány, ale jeho bok byl probodnut

Kapitola 7 _ **Posledních sedm slov Ježíše na kříži** • 133

- Otče, odpusť jim
- Dnes budeš se mnou v ráji
- Ženo, hle, tvůj syn!; Hle, tvá matka!
- *Eloi, Eloi, lema sabachtani?*
- Žízním
- Dokonáno jest
- Otče, do tvých rukou odevzdávám svého ducha

Kapitola 8 _ Opravdová víra a věčný život • 159

- Jak nesmírné tajemství to je!
- Falešné vyznání nevede ke spasení
- Tělo a krev Syna člověka
- Odpuštění pouze skrze chození ve světle
- Víra doprovázená skutky je opravdová víra

Kapitola 9 _ Narození z vody a Ducha • 203

- Nikodém přichází k Ježíši
- Ježíš pomáhá Nikodémovi k duchovnímu pochopení
- Kdy se narodíme z vody a Ducha
- Tři důkazy: Duch, voda a krev

Kapitola 10_ Co je to hereze? • 217

- Biblická definice hereze
- Duch pravdy a duch klamu

Kapitola 1

BŮH STVOŘITEL A BIBLE

- Bůh je Stvořitel
- Jsem, který jsem
- Bůh je vševědoucí a všemohoucí
- Bůh je autorem Bible
- Každé slovo v Bibli je pravdivé

*Na počátku stvořil Bůh nebe
a zemi.*

Genesis 1:1

Bůh je Stvořitel

Na světě dnes existuje nespočet knih, ale žádná jiná kromě Bible vám nedá podrobné a jasné odpovědi na otázky týkající se původu a vzniku vesmíru a počátku a konce lidské rasy.

Bible dává jasnou odpověď na otázku původu vesmíru a života. Genesis 1:1 říká: *"Na počátku stvořil Bůh nebe a zemi"* a v Židům 11:3 čteme: *"Ve víře chápeme, že Božím slovem byly založeny světy, takže to, na co hledíme, nevzniklo z viditelného."*

Ne všechno viditelné bylo vytvořeno z něčeho, co již existovalo. Bylo to stvořeno z "ničeho" na Boží příkaz.

Člověk umí vytvořit něco z něčeho jiného, co už existuje a to pak přetvořit nebo sloučit materiály, které již existují za účelem vytvoření něčeho jiného, ale nedokáže stvořit něco z ničeho.

Je nepředstavitelné, že by člověk dokázal stvořit živý organismus. Dokonce i když vyvinul vědecké technologie natolik, aby vytvořil počítače s umělou inteligencí (A.I.) nebo naklonoval jehňata, nedokáže vytvořit dokonce ani měňavku jen tak z ničeho.

Proto lidé pouze získávají živý organismus z věcí, které jim Bůh dal a různými způsoby je slučují. Musíte vědět, že v tom není víc než toto.

A tak vězte, že pouze Bůh dokáže stvořit něco z ničeho.

Pouze Bůh Stvořitel stvořil vesmír svým příkazem a má pod kontrolou celý vesmír, světové dějiny, život a smrt a požehnání a zatracení lidstva.

Důkaz, který vás přiměje uvěřit v Boha Stvořitele

Všechno - dům, stůl nebo dokonce i hřebík - někdo navrhnul. Je jasné, že musí existovat návrhář tohoto nekonečného vesmíru. Měl by tu být vlastník, který jej vytvořil a který mu vládne. Tím je Bůh Stvořitel, o kterém Bible opakovaně mluví.

Když se podíváte dokola, naleznete hojnost důkazů pro stvoření. Uveďme si jednoduchý příklad. Vezměte v úvahu obrovské množství lidí na zemi. Bez ohledu na rasu, věk, pohlaví, společenské postavení a tak dále, každý má dvě oči, dvě uši, jeden nos se dvěma nosními dírkami a jedny ústa.

Třebaže se každé zvíře v rámci svého druhu nepatrně odlišuje, má stejnou strukturu obličeje. Například slon má dlouhý nos (chobot), ale ten se nachází uprostřed jeho tváře a nad jeho tlamou. Není nad jeho očima, pod jeho tlamou nebo na vrcholku jeho hlavy. Každý slon má dvě nozdry, dvě oči, dvě uši a jednu tlamu. Všichni ptáci ve vzduchu, všechny ryby v oceánech nebo řekách mají stejnou strukturu.

Nejenže má každý živočich stejnou strukturu obličeje, ale také trávicí a reprodukční systém každého savce je identický. Stejně tak každé z nich konzumuje jídlo tlamou a cokoliv vejde do tlamy, pokračuje do žaludku a pak vychází z těla. Všichni savci se páří s opačným pohlavím a dávají život svým potomkům.

Když si spojíte všechny tyto očividné skutečnosti dohromady, rozhodně nemůžete říci, že je to shoda okolností nebo důkaz evoluce, který stanovuje "přežití nejzdatnějšího." Nic z toho nemůže nikdy teorie evoluce vysvětlit.

Proto skutečnost, že jak lidské bytosti tak živočichové mají stejnou organickou strukturu, postačuje jako důkaz, že všechno stvořil a navrhnul Bůh Stvořitel. Pokud by Bůh nebyl jediným Bohem, ale byl by jedním z mnoha bohů, tvorové by měli různé množství orgánů a různou strukturu a rozložení těla.

Mimo to, pokud se blíže podíváte na přírodu a vesmír, naleznete v nich ještě více důkazů stvoření. Jak úžasné je uvědomit si, že všechny věci ve sluneční soustavě jako otáčení Země a její obíhání okolo Slunce fungují bez nejmenší chybičky.

Podívejte se na hodinky na svém zápěstí. Je v nich veliké množství pečlivě vypracovaných součástek. Pokud bude chybět i ta nejmenší z nich, přestanou fungovat. A tak byl tento vesmír navržen tak, aby jej řídil Bůh.

Například žádný člověk ani jiná forma života nemohou existovat bez Měsíce, který obíhá okolo Země. Měsíc nemůže být přemístěn trochu dál od Země nebo blíže k Zemi, než je jeho současná poloha. Bůh jej umístil do patřičné vzdálenosti tak, aby člověk mohl na Zemi žít.

Kvůli současné poloze Měsíce způsobuje jeho přitažlivost příliv a odliv moří. Tento příliv a odliv způsobuje chvění a pročištění moří. Podobně všechny věci ve vesmíru byly vytvořeny tak, aby se pohybovaly přesně podle Božího ustanovení.

Proč někteří lidé nevěří v Boha Stvořitele?

Někteří lidé věří v Boha Stvořitele a žijí podle jeho Slova. Proč lidé, kteří dokážou přemýšlet a hledat, aby našli odpovědi na všechno v oblasti vědy, nevěří v Boha Stvořitele?

Pokud jste se od věrných křesťanů od svého dětství učili, že Bůh je živý a všemohoucí Stvořitel, nemělo by být obtížné věřit v Boha Stvořitele.

Přesto bylo v současné době mnoho z vás od období dospívání ovlivněno evolucí a existuje tak mnoho "poznatků," které nejsou nezbytně všechny pravdivé. Rovněž se ztotožňujete s těmi, kdo nevěří v Boha nebo o něm pochybují.

Po tom, co jste žili v tomto prostředí, jestliže jdete do církve a slyšíte Boží slovo, jste často na pochybách a dostáváte se do rozporu. Nemůžete uvěřit v Boha Stvořitele, protože vaše předešlé poznatky odporují tomu, co se dozvídáte a slyšíte v církvi.

Dokud se nezbavíte těchto myšlenek nebo poznatků, které jste se ve světě naučili, i kdybyste do církve chodili pravidelně, nemůžete získat duchovní víru - víru vytvořenou Bohem - která je daleko od jakékoliv pochybnosti.

Bez duchovní víry nemůžete věřit v nebeské království nebo peklo. Považujete viditelný svět za jediný svět a žijete svým vlastním způsobem.

Kolikrát jste se setkali s teoriemi, které byly v určité době uznávány a akceptovány a později změněny nebo nahrazeny novou teorií? I když toto není přesný případ, je pravda, že konvenční teorie a tvrzení se později neustále přepracovávají nebo doplňují nově nalezenými fakty.

Jak jde čas a věda postupuje kupředu, lidé vytvářejí lepší vysvětlení a teorie, i když zdaleka nejsou perfektní. Neřekl bych, že výzkumy provedené mnohými vědci jsou všechny chybné. Na zemi existuje stále mnoho věcí, které lidé nejsou schopni vysvětlit, tuto skutečnost musíte uznat.

Například, co se týče vesmíru, nikdy jste nebyli na druhé straně vesmíru od Země, ani jste se nikdy nevrátili do starověku. Nicméně, lidé zkouší vysvětlit vesmír vytvářením rozmanitých hypotéz a teorií.

Než člověk vstoupil na Měsíc, předpokládali jsme: "Mohl by tam být nějaký živý organismus nebo by ten organismus mohl být někde v této sluneční soustavě dále od Země." Nicméně, po cestě člověka na Měsíc jsme prohlásili: "Neexistuje na něm žádný živý organismus." V současné době vědci říkají: "Existuje pravděpodobnost, že se na Marsu nachází živý organismus" nebo "Na Rudé planetě se nacházejí stopy vody."

I když jste bádali po dlouhou dobu a rozšířili své vědomosti, pokud neznáte vůli, prozíravost a moc Boha Stvořitele, skončíte tak, že budete čelit omezenosti lidských schopností.

Proto v Římanům 1:20 čteme: *Jeho věčnou moc a božství, které jsou neviditelné, lze totiž od stvoření světa vidět, když lidé přemýšlejí o jeho díle, takže nemají výmluvu.*

Kdokoliv otevře své srdce a přemýšlí, může pocítit Boží moc a jeho božskou podstatu prostřednictvím stvoření jako jsou Slunce, Měsíc a hvězdy - předměty skrze něž vám Bůh dává poznat svou existenci a umožňuje vám v něj uvěřit.

Jsem, který jsem

Spousta lidí si může ve chvíli, kdy uslyší o Bohu Stvořiteli, lámat hlavu: "Jak na počátku vznikl?" "Odkud se vzal?" nebo "Jak vypadal, když vznikl?"

Lidské poznání a myšlenky nemohou překročit určité meze, které říkají, že by zde měl být začátek a konec všech živých tvorů. Proto vyžadujeme na takovéto otázky jasné odpovědi. Nicméně, Bůh existuje mimo lidské chápání, takže je tím, kdo "byl," "je," a "bude."

Exodus 3 líčí scénu, ve které Bůh nařídil Mojžíšovi vést Izraelity do Kenaanské země. Mojžíš se na oplátku zeptal Boha, jak má odpovědět Izraelitům, pokud se ho zeptají na jméno Boha.

V této chvíli Bůh Mojžíšovi pověděl: *"JSEM KTERÝ JSEM"* a přikázal mu říct Izraelitům: *"JSEM posílá mě k vám"* (Exodus 3:14).

"JSEM" je fráze, kterou Bůh použil, aby se o sobě zmínil osobně a myslí tím to, že mu nikdo nedal život ani ho nestvořil, ale že on je dokonalým stvořením, Stvořitelem samotným.

Na počátku byl Bůh světlem s hlasem

V Janovi 1:1 čteme: *"Na počátku bylo Slovo, to Slovo bylo u Boha, to Slovo byl Bůh."* Tímto způsobem byl Bůh, který byl na počátku Slovem, bytostí, která existovala naprosto sama bez toho, aby byla stvořena. Jak a kde vznikl?

Bůh je Duch, takže existoval ve formě Slova ve čtvrté dimenzi, duchovním světě, ne ve třetím rozměru, který je viditelný. Bůh neexistoval v žádné podobě, ale jako intenzivní a překrásné světlo s čistým a jasným hlasem a vládl nad celým vesmírem.

1 Janův 1:5 říká: *"A toto je zvěst, kterou jsme od něho slyšeli a vám ji oznamujeme: že Bůh je světlo a není v něm nejmenší tmy."* Toto má duchovní význam a vyjadřuje to podobu Boha," který byl na počátku světlem.

Na počátku Bůh existoval jako světlo s hlasem. Jeho hlas je čistý, sladký a měkký a zní nad celým vesmírem. Ti, kdo někdy slyšeli Boží hlas osobně, to mohou pochopit.

Bůh Stvořitel existoval dříve, než začal čas, naplánoval si vychovat své skutečné děti a pokračoval v tom. Proto, jestliže dojdete k plnému pochopení Boha JÁ JSEM, měli byste zničit všechny své vlastní způsoby myšlení, teorie a stereotypy a dále přijmout dílo stvoření ustanovené Bohem.

Na rozdíl od věcí stvořených Bohem mají věci vytvořené člověkem své vlastní hranice a vady. Protože se lidské poznání a civilizace neustále vyvíjejí, vyrábějí se lepší výrobky, ale stále mají spoustu nedostatků.

Někteří lidé vyrábějí modly ze zlata, stříbra, bronzu a kovu a nazývají je bohy, před kterými klekají a modlí se za požehnání. Jsou to jen dřevěné, kovové nebo kamenné podoby, které nedokážou dýchat, mluvit nebo dokonce mrkat očima (Abakuk 2:18-19).

Ačkoliv se prohlašují za moudré, lidé vlastně nemohou rozpoznat pravdu od lži, ale raději si vytvářejí nějaké modly a nazývají je svými bohy, které uctívají (Římanům 1:22-25). Jak hloupé a hanebné to je?

Proto, jestliže lidé uctívali jalové bohy a sloužili jim, protože Boha ignorovali, měli by z toho činit úplné pokání, uctívat Boha JÁ JSEM a konat své povinnosti jako jeho děti.

Bůh je vševědoucí a všemohoucí

Bůh Stvořitel, který stvořil celý vesmír, je dokonalou bytostí, která existovala dříve, než začal čas a je vševědoucí a všemohoucí. Bible zachycuje četné divy a zázraky, které nemohly být vykonány lidskou mocí ani pomocí lidského vědění.

Tyto mocné skutky vševědoucího a všemohoucího Boha, který je stejný včera i dnes, se odehrály během novozákonní i starozákonní doby prostřednictvím mnoha mužů Božích, kteří měli Boží moc.

Protože jak Ježíš řekl v Janovi 4:48: *"Neuvidíte-li zázraky a znamení, neuvěříte,"* lidé neuvěří dokud neuvidí skutky všemohoucího Boha.

Bůh předvádí úžasné zázraky a znamení

Exodus podrobně zaznamenává, jak vševědoucí a všemohoucí Bůh činil úžasné zázraky a znamení skrze Mojžíše, když vyvedl Izraelity z Egypta do Kenaanské země.

Například, když Bůh poslal Mojžíše k faraónovi, králi Egypta, seslal na něj a jeho národ deset ran, rozdělením Rudého moře způsobil, že Izraelité prošli suchou zemí a smetl vystrašenou egyptskou armádu do hrnoucího se proudu vod.

Dokonce i po vyjití z Egypta vytryskla voda ze skaliska, když do něj Mojžíš udeřil svou holí, hořká voda se proměnila ve sladkou a z nebe spadla mana, aby mohly milióny lidí žít, aniž by se jakkoliv starali o jídlo.

Později ve Starém zákoně se shledáváme s Bohem zmocňujícím Elijáše k prorokování tři a půl letého období sucha, k modlitbě skrze níž začalo znovu pršet a ke vzkříšení mrtvého.

V Novém zákoně vidíme Ježíše, Syna Božího, jak vzkřísil Lazara, který byl již čtyři dny mrtev, jak otevřel oči slepému a uzdravil mnoho lidí z různých nemocí, slabostí a od zlých duchů. Procházel se také po vodě a utišil bouři.

Bůh konal neobvykle mocné činy i skrze Pavla. Lidé dokonce odnášeli k nemocným šátky a zástěry, kterých se dotkl a zlí duchové je opouštěli (Skutky 19:11-12). Početná znamení doprovázela rovněž Petra, který byl jedním z nejlepších Ježíšových učedníků. Lidé dokonce vynášeli nemocné na ulici a kladli je na lehátka a na nosítka, aby na některého padl aspoň Petrův stín, až půjde kolem (Skutky 5:15).

Kromě toho činil v Bibli Bůh divy a dělal znamení skrze Štěpána a Filipa a i dnes pokračuje a provádí je skrze svou církev.

Bůh je autorem Bible

Bůh je Duch, takže je neviditelný, ale stále se různými způsoby projevuje. Bůh se obecně zjevuje skrze přírodu a obzvláště svědectví lidí, kteří byli uzdraveni a obdrželi od něj odpovědi. Rovněž se detailně odkrývá prostřednictvím Bible.

Proto můžete prostřednictvím Bible poznat skutečného jediného Boha, setkat se s ním a uvědoměním si Božího díla dosáhnout spasení a věčného života. Kromě toho můžete žít úspěšný život a vzdávat Bohu slávu tím, že pochopíte Boží srdce a uvědomíte si, jak ho milovat a jak být milováni jím (2 Timoteovi 3:15-17).

Písmo je vdechnuté Bohem

2 Petrův 1:21 říká: *"Nikdy totiž nebylo vyřčeno proroctví z lidské vůle, nýbrž z popudu Ducha svatého mluvili lidé, poslaní od Boha"* a v 2 Timoteovi 3:16 čteme: *"Veškeré Písmo pochází z Božího Ducha."* To znamená, že Bible je od Genesis po Zjevení Božím slovem, které bylo zapsáno pouze z Boží vůle.

Proto zde existuje mnoho frází jako "Bůh řekl," "Hospodin řekl" a "Hospodin Bůh řekl." To potvrzuje, že Bible není slovem člověka, ale Boha.

Bible má šedesát šest knih sestávajících se z třiceti devíti knih Starého zákona a dvaceti sedmi knih Nového zákona. Množství pisatelů se odhaduje na 34. Bible byla psána po dobu asi 1600 let, a to od 1500 let před Kristem po 100 let po Kristu. Úžasné je, že i když ji psalo mnoho různých pisatelů, Bible je v celém svém rozsahu od počátku do konce naprosto souvislá a každý verš je v souladu s ostatními verši.

V Izajáši 34:16 čteme: *"Hledejte v knize Hospodinově a čtěte: Jediná z těch příšer tam nebude chybět, ani jedna z nich nebude scházet, neboť ústa Boží to přikázala a jeho Duch je shromáždí.* "

Toto se mohlo přihodit, protože původním autorem Bible je Bůh, neboť Duch svatý vládl nad srdci pisatelů a shromáždil tato slova dohromady. Na co byste měli pamatovat je, že pisatelé Bible byli pouze autoři píšící pro Boha, ale původním autorem Bible je Bůh.

Uveďme si příklad. Předpokládejme, že někde na venkově žije stará matka. Ta posílá svému mladšímu synovi, který studuje ve městě, dopis. Je negramotná, proto svůj vzkaz nadiktuje svému staršímu synovi. Když mladší syn ve městě obdrží dopis, pomyslí si, že mu dopis poslala jeho matka, ne jeho starší bratr, třebaže jej skutečně napsal jeho bratr. Úplně stejné je to s Biblí.

Boží milostný dopis plný požehnání a příslibů

Bible byla napsána Duchem naplněnými Božími služebníky, aby zjevila Boha samotného. Musíte věřit skutečnosti, že je to slovo věrného Boha, který odkrývá sebe samotného.

Boží slovo je Duch a život (Jan 6:63), takže kdokoliv ho slyší a uvěří mu, získá věčný život pro svou duši, která obdrží život v hojnosti. Kdokoliv uvěří a zachovává slovo Boží, se bude těšit z úspěšného života a bude dokonalým Božím člověkem podobajícím se Ježíši Kristu.

Bůh přišel na zem v těle, aby se ukázal lidstvu a tím tělem byl Ježíš. Filip, Ježíšův učedník, to ignoroval a dožadoval se toho, aby mu Ježíš ukázal Boha. Neuvědomoval si, že Ježíš byl vtěleným

Bohem, jako kdyby měl naplnit přísloví říkající "Maják nesvítí od svého základu."

Jan 14:8 a následující verše představují dialog mezi Filipem a Ježíšem:

> *Filip mu řekl: "Pane, ukaž nám Otce, a víc nepotřebujeme." Ježíš mu odpověděl: "Tak dlouho jsem s vámi, Filipe, a ty mě neznáš? Kdo vidí mne, vidí Otce. Jak tedy můžeš říkat: 'Ukaž nám Otce'? Nevěříš, že já jsem v Otci a Otec je ve mně? Slova, která vám mluvím, nemluvím sám od sebe; Otec, který ve mně přebývá, činí své skutky" (Jan 14:8-10).*

I když Ježíš podal učiněním zázraků, které by byly bez Boží moci neuskutečnitelné, přesvědčivý důkaz o tom, že on a Bůh jsou jedno, Filip chtěl, aby mu Ježíš ukázal Otce. Ježíš mu pověděl, aby věřil jeho učení, které dokazují zázraky samotné.

Bůh přišel na tento svět v těle, aby zjevil sebe samotného a Bůh napsal Bibli, protože je pro lidi obvykle nemožné jej vidět lidskýma očima.

Proto můžete získat požehnání a odpovědi, které Bůh v Bibli slibuje, když máte vzácné společenství s živým Bohem skrze Bibli, znáte jeho vůli a prozíravost a zachováváte jeho slovo.

Každé slovo v Bibli je pravdivé

Historické záznamy nám umožňují získat vědomosti o lidech

nebo událostech, které se přihodily v určitém čase v minulosti. Historie je popis změn různých období a umožňuje nám podrobně se dovědět o konkrétních věcech, lidech nebo životních podmínkách v daném období. Historie lidstva prokázala, že Bible je pravdivá. Zvláště, když se důkladně podíváme na události, osoby, místa nebo zvyky zaznamenané v Bibli, dojdeme ke zjištění, že Bible je historická a realistická.

Jelikož byl Starý zákon skutečně předáván na základě objektivních skutečností jako jsou důležité i triviální informace o věcech, které se přihodily jednotlivcům, národům nebo skupinám od dob Adama a Evy, Izrael pokládá Starý zákon za náboženský a historický dokument svého národa a odkaz až do dnešního dne. Dokonce i mnoho historiků uznává Bibli za spolehlivý pramen.

Historie dokazuje pravdivost Bible

V první řadě bych se s vámi na základě Bible rád podělil o historii Izraele a dokázal, že Boží slovo v Bibli je pravdivé.

Adam, praotec lidských bytostí, zhřešil proti Bohu, takže jeho potomci, všichni lidští tvorové, jdou od té doby cestou hříchu a žijí, aniž by znali Boha, svého Stvořitele. Právě tehdy si Bůh vybral jeden národ a zamýšlel skrze něj zjevit svou vůli a prozíravost.

Nejprve Bůh povolal Abrahama, který měl nejlepší srdce, tříbil jej a ustavil jej otcem víry. Abraham byl otcem Izáka, Izák otcem Jákoba a Bůh nazval Jákoba "Izrael" a učinil z jeho dvanácti synů dvanáct kmenů.

Za Jákobova života jej Bůh "přestěhoval" do Egypta a umožnil mu rozmnožením jeho potomstva vytvořit národ, který byl nakonec vyveden do Kenaanské země.

Během Mojžíšova pobytu v poušti dal Bůh Mojžíšovi zákon, vychovával Izraelity k životu podle svého Slova a vedl je pouze svým Slovem.

Potom, co byli Izraelci vyvedeni do Kenaanské země, se jim vedlo dobře pouze tehdy, když se řídili zákonem. Když Izrael sloužil modlám a dopouštěl se zla, síla národa ochabovala a národ byl sužován cizími vpády. Izraelité byli vězněni nebo zotročováni. Když činili pokání, byl jejich národ obnoven. Tento koloběh se opakoval neustále dokola.

A tak Bůh všem lidským tvorům skrze dějiny Izraele ukázal, že Bůh je živý a nade vším vládne svým Slovem.

Můžete rovněž vidět, že proroctví v Bibli byla naplněna a postupně se naplňují. Například v Lukášovi 19:43-44 se Ježíš zmiňoval o pádu Jeruzaléma, když říkal:

> *Přijdou na tebe dny, kdy tvoji nepřátelé postaví kolem tebe val, obklíčí a sevřou tě ze všech stran. Srovnají tě se zemí a s tebou i tvé děti; nenechají v tobě kámen na kameni, poněvadž jsi nepoznalo čas, kdy se Bůh k tobě sklonil.*

V těchto verších měl Ježíš na mysli zničení města Jeruzaléma kvůli narůstající bezbožnosti Izraelců. Proroctví bylo naplněno v roce 70 po Kristu, když Titus, generál římského impéria, přiměl své muže postavit proti Jeruzalému val, obklíčit jej a zabít mnoho lidí uvnitř hradeb. Toto se událo jen 40 let po Ježíšově proroctví.

V Matoušovi 24:32 Ježíš řekl: *"Od fíkovníku si vezměte poučení: Když už jeho větev raší a vyráží listí, víte, že je léto blízko."* Fíkovník zde symbolizuje izraelský národ a toto podobenství vyučuje o tom, že když bude Ježíšův druhý příchod blízko, Izrael bude nezávislý. Historie nakonec dosvědčuje, že se toto Boží slovo vyplnilo, když byl Izrael, který se rozpadl v roce 70 po Kristu, zázračně znovu založen 14. května 1948 - 1900 let po svém zničení.

Proroctví Starého zákona a jejich vyplnění v Novém zákoně

Studiem toho, jak se proroctví Starého zákona vyplnila během období Nového zákona, dosvědčuji, že Boží slovo v Bibli je pravdivé.

Zákon obsažený ve Starém zákoně nebyl dokonalou cestou "získání skutečných Božích dětí." Byl pouze stínem dosvědčujícím Boha. To je důvod, proč Bůh v celém Starém zákoně sliboval příchod Mesiáše. Když nastal čas, poslal na tento svět Ježíše Krista, aby splnil svůj slib.

Je evidentní, že Ježíš přišel na zem asi před 2000 lety. Západní dějiny jsou podle narození Ježíše z velké části rozděleny na dvě skupiny. Označení "B.C." znamenající Before Christ (Před Kristem) má na mysli historii před narozením Ježíše, zatímco označení "A.D." znamenající Anno Domini znamená "léta Páně."

Dokonce dějiny samotné potvrzují narození Ježíše.

Podívejme se nejprve na Genesis 3:15:

*Mezi tebe a ženu položím nepřátelství, i mezi símě tvé
a símě její. Ono ti rozdrtí hlavu a ty jemu rozdrtíš patu.*

Tento verš prorokoval, že náš Spasitel, jako símě ženy, přijde a
zničí autoritu smrti. "Ženou" je v této pasáži míněn Izrael.
Skutečně, Ježíš přišel na zem jako syn Josefa, který náležel k
izraelskému kmeni Juda (Lukáš 1:26-32).

V Izajáši 7:14 čteme: *"Proto vám dá znamení sám Panovník:
Hle, dívka počne a porodí syna a dá mu jméno Immanuel (to je
S námi Bůh)."*

To vede nutně k závěru, že bude Boží Syn prostřednictvím
početí z Ducha svatého poslán, aby odčinil hříchy lidské rasy. A
opravdu, Ježíš se narodil panně Marii početím z Ducha svatého
(Matouš 1:18-25).

Bylo prorokováno, že se Ježíš narodí v betlémské krajině, jak
čteme v Micheáši 5:3:

*A ty, Betléme efratský, ačkoli jsi nejmenší mezi
judskými rody, z tebe mi vzejde ten, jenž bude vládcem v
Izraeli, jehož původ je odpradávna, ode dnů věčných.*

Aby se naplnilo toto slovo, Ježíš se narodil v Betlémě, v Judeji,
za časů krále Heroda. Dokonce i dějiny toto znovu potvrzují.

Vyvraždění mnoha nevinných malých dětí králem Herodem
v době Ježíšova narození (Jeremjáš 31:15; Matouš 2:16), Ježíšův

vstup do Jeruzaléma (Zacharjáš 9:9; Matouš 21:1-11) a Ježíšovo nanebevstoupení (Žalm 16:10; Skutky 1:9) byly prorokovány a podle toho naplněny.

Kromě toho, zrada Jidáše Iškariotského, který Ježíše 3 roky následoval (Žalm 41:9) a jeho zrazení Ježíše za třicet stříbrných (Zacharjáš 11:12) byly rovněž prorokovány a vyplněny.

A tak můžete věřit, že je Bible pravdivá a je skutečným Božím slovem, zvláště když vidíte, že všechna proroctví ve Starém zákoně byla přesně naplněna.

Dosud neuskutečněná Biblická proroctví

Bůh udělal Ježíše Krista naším Spasitelem vyplněním všech proroctví Starého zákona během období Nového zákona. Každý kousek proroctví o Ježíši, o průběhu izraelských dějin a o historii lidstva byl vykonán bez jediné chybičky. Pečlivé přezkoumání světových dějin vede ke zjištění, že všechna prorocká slova v Bibli se vyplnila a vyplní.

Proroci v dobách Starého zákona i Nového zákona prorokovali vzestup a pád světové moci, zkázu a přestavbu Jeruzaléma a budoucí aféry významných osob. Mnoho biblických proroctví bylo naplněno a nyní se naplňuje a lidé dosud nebyli svědky Ježíšova druhého příchodu, vytržení, tisíciletého království a soudu u velkého bílého trůnu. Náš Pán pro vás nyní připravuje místo, jak slíbil (Jan 14:2) a brzy vás vezme na věčnost.

Náš svět je nyní sužován hladomory, zemětřeseními, abnormálními výkyvy počasí a kolosálními neštěstími.

Nepovažujte to za shodu okolností, ale namísto toho si uvědomte, že Ježíšův druhý příchod se blíží (Matouš 24:3-14). Tím, že budete bdít a ozdobíte se jako nevěsta, dosáhnete úplného spasení.

Kapitola 2

BŮH TVOŘÍ
ČLOVĚKA A TŘÍBÍ HO

- Bůh tvoří lidské bytosti
- Proč Bůh tříbí lidské bytosti?
- Bůh odděluje pšenici od plevele

Bůh stvořil člověka, aby byl jeho obrazem, stvořil ho, aby byl obrazem Božím, jako muže a ženu je stvořil. A Bůh jim požehnal a řekl jim: "Ploďte a množte se a naplňte zemi. Podmaňte ji a panujte nad mořskými rybami, nad nebeským ptactvem, nade vším živým, co se na zemi hýbe."

Genesis 1:27-28

Alespoň jednou v životě jste si možná položili fundamentální otázky jako jsou původ, cíl, význam a smysl života. Potom jste se snažili na ně odpovědět. Spousta lidí zkouší různé metody, aby tyto problémy vyřešili, ale sami zemřou, aniž by našli odpověď na jedinou z těchto původních otázek.

Světoznámí mudrcové jako Konfucius, Budha nebo Sókratés rovněž usilovali o zodpovězení těchto fundamentálních otázek. Konfucius se zaměřil na morální zásady, které pokládaly za etický ideál dokonalou ctnost a sám vychoval spoustu učedníků. Budha se po dlouhou dobu kál, čímž se osvobodil z pozemské existence. Sókratés usiloval o pravdu svým vlastním způsobem a hledal skutečné vědění.

Žádný z nich, nicméně, nedokázal nalézt trvalé, fundamentální řešení, dosáhnout ryzí pravdy nebo získat věčný život. To proto, že pravda skrytá před stvořením světa je něčím duchovním, co je neviditelné a nedotknutelné. Na životní otázky nemůžete nalézt jasné odpovědi, dokud nepochopíte prozíravost Boha Stvořitele v oblasti tříbení člověka.

Bůh tvoří lidské bytosti

Tajemství utvoření orgánů, buněk a tkání lidského těla je

nesmírné. Bůh, který stvořil člověka tímto způsobem, chce získat skutečné děti, se kterými by mohl navždy sdílet lásku. Z tohoto důvodu Bůh vytvořil člověka podle svého obrazu a své podoby, tříbí jej a připravil nebe. Jak tedy potom Bůh stvořil všechny věci ve vesmíru a vytvořil člověka?

Boží šestidenní stvoření

Genesis 1 dobře popisuje proces, během kterého Bůh stvořil nebe a zemi v šesti dnech. I řekl Bůh: *"Buď světlo!"* A bylo světlo (Genesis 1:3). I řekl Bůh: *"Nahromaďte se vody pod nebem na jedno místo a ukaž se souš!"* A my víme, že se tak stalo (Genesis 1:9). A tak dále.

Jak se říká v Židům 11:3: *"Ve víře chápeme, že Božím slovem byly založeny světy, takže to, na co hledíme, nevzniklo z viditelného,"* Bůh stvořil celý vesmír svým slovem.

Bůh stvořil první den světlo a druhý den učinil nebeskou klenbu. Třetí den Bůh řekl: "Nahromaďte se vody pod nebem na jedno místo a ukaž se souš!" A stalo se tak. Souš nazval Bůh zemí a nahromaděné vody nazval mořem. Bůh také řekl: "Zazelenej se země zelení: bylinami, které se rozmnožují semeny, a ovocným stromovím rozmanitého druhu, které na zemi ponese plody se semeny!" Země vydala zeleň: rozmanité druhy bylin, které se rozmnožují semeny a rozmanité druhy stromoví, které nese plody se semeny. Čtvrtý den stvořil slunce, měsíc a hvězdy na nebeské klenbě a nechal slunce vládnout ve dne a měsíc vládnout v noci. Pátý den stvořil rozmanité druhy všelijakých hbitých živočichů, jimiž se zahemžily vody, stvořil i rozmanité druhy všelijakých okřídlených létavců. Šestý den učinil rozmanité druhy zemské zvěře i rozmanité druhy dobytka a rozmanité druhy všelijakých zeměplazů.

Stvoření člověka podle Božího obrazu

Bůh Stvořitel připravil za šest dnů prostředí, ve kterém by mohl žít člověk a potom stvořil člověka podle svého obrazu. Požehnal člověku jako pánu všeho tvorstva a řekl mu, aby si ho podmanil a panoval nad ním.

Bůh stvořil člověka, aby byl jeho obrazem, stvořil ho, aby byl obrazem Božím, jako muže a ženu je stvořil. A Bůh jim požehnal a řekl jim: "Ploďte a množte se a naplňte zemi. Podmaňte ji a panujte nad mořskými rybami, nad nebeským ptactvem, nade vším živým, co se na zemi hýbe" (Genesis 1:27-28).

Jak tedy potom Bůh utvořil člověka?

I vytvořil Hospodin Bůh člověka, prach ze země, a vdechl mu v chřípí dech života. Tak se stal člověk živým tvorem (Genesis 2:7).

V tomto verši je prachem míněna hlína. Zručný hrnčíř používající kvalitní hlínu vytvoří zelený nebo bílý porcelán veliké peněžní hodnoty. Naopak někteří jiní hrnčíři vytváří neglazovanou kameninu, střešní tašky nebo cihly.

Hodnota kusu kameniny závisí především na tom, kdo jej vyrobil, jak zručně byl vyroben, jaký druh hlíny byl použit a o jaký druh kameniny jde. Když všemohoucí Bůh Stvořitel učinil člověka podle svého obrazu, jak obdivuhodně to udělal?

Potom, co Bůh učinil člověka podle svého obrazu, vdechl mu v chřípí dech života, totiž životní energii. Tak se stal člověk duchovně živým tvorem. Dech života je síla, moc, energie a Boží duch.

Bůh vdechuje člověku dech života

Když budete přemýšlet o procesu vyzařování světélkujícího světla, snadněji porozumíte procesu, ve kterém byl člověk stvořen jako duchovně živý tvor. Pokud chcete, aby světélkující světlo vyzařovalo, musíte si nejprve jedno dobře zhotovené světlo připravit a potom je zasunout do zástrčky. Nicméně, nebude vyzařovat, dokud nespustíte elektrický proud.

Televizní set u vás doma funguje stejně. Na televizní obrazovce nic neuvidíte, dokud ji nezapnete, ale pokud to uděláte, můžete vidět a slyšet různé druhy obrazů a zvuků. Pouhým zapnutím televize můžete obrazy na obrazovce učinit vizuálními. Nicméně, vypracované části v zadní části televize jsou sestaveny velmi složitým způsobem.

Stejně tak Bůh neučinil z prachu země pouze podobu člověka, ale také vnitřní orgány a kosti v něm. Vytvořil žíly, skrze něž proudí krev a nervový systém, který dokonale plní svou funkci.

Boží moc může změnit prach na měkkou kůži, pokud nebo když Bůh chce. Zrovna jako proudí elektřina, vdechl Bůh člověku dech života. Potom v něm začala neprodleně obíhat krev a mohl dýchat a pohybovat se.

Kromě toho, protože Bůh učinil v mozkových buňkách člověka paměťové jednotky, člověk přijímá a učí se zpaměti to, co zaslechnou a ucítí v mozkových buňkách tyto paměťové jednotky. Co je přijato a zapamatováno, stává se vědomostmi a vědomosti se reprodukují jako myšlenky. Když v životě používáme uschované vědomosti, nazýváme to moudrostí.

Lidští tvorové, třebaže pouhá stvoření, nashromáždili svou moudrost a poznání a vyvinuli pečlivě vypracovanou vědeckou civilizaci. Nyní zkoumají vesmír, vyrábějí počítače a vkládají do nich obrovské množství informací nebo je z nich snímají, a tak z počítačů získávají veliký prospěch zrovna jako Bůh, který v mozkových buňkách vytvořil paměťové jednotky. Lidé došli tak daleko, že vytvořili počítače s umělou inteligencí (A.I.), které dokážou rozpoznat písmena nebo hlas člověka a umějí komunikovat s ostatními. Jak jde čas, vyvíjí se více a více.

O kolik snadnější muselo pro všemohoucího Boha Stvořitele být učinit člověka z prachu země a vdechnout mu dech života, aby z něj vytvořil živého tvora! Je to tak snadné pro Boha, který dokáže stvořit něco z ničeho, ale je to podivuhodné a nepochopitelné pro člověka (Žalm 139:13-14).

Proč Bůh tříbí lidské bytosti?

Ježíš nás učí o Boží prozíravosti skrze mnohá podobenství. Protože duchovnímu světu nelze porozumět pouze pomocí lidských vědomostí, používal v podobenstvích pozemské věci, abychom mu mohli porozumět.

Mnoho z nich má co do činění s pěstováním. Například existují podobenství o rozsévači (Matouš 13:3-23; Marek 4:3-20; Lukáš 8:4-15), podobenství o hořčičném zrnu (Matouš 13:31-32; Marek 4:30-32; Lukáš 13:18-19), podobenství o pleveli mezi pšenicí (Matouš 13:24-30, 36-43), podobenství o dělnících na vinici (Matouš 20:1-16) a podobenství o zlých vinařích (Matouš 21:33-41; Marek 12:1-9; Lukáš 20:9-16).

Tato podobenství nám ukazují to, že právě jako farmáři obdělávají půdu, zasévají semena, pečují o ně a sklízejí úrodu, Bůh utváří a tříbí lidské bytosti na zemi a oddělí pšenici od plevele.

Bůh chce se svými dětmi sdílet skutečnou lásku

Bůh nemá pouze božskou podstatu, ale také lidskou. Božství spočívá v moci vševědoucího a všemohoucího Boha Stvořitele samotného a lidskost v lidské mysli. A tak Bůh stvořil vesmír a vládne nad celým vesmírem, lidskými dějinami a životy. Rovněž zakouší radost, hněv, žal a potěšení a chce se svými dětmi sdílet lásku.

Bible nám mnohokrát ukazuje na to, že Bůh má osobnost

jako lidské bytosti; Bůh se raduje a žehná lidem, když stvořeni podle Božího obrazu dělají to, co je správné, ale běduje a naříká v rozhořčení, když lidé páchají hříchy. Boží touha komunikovat se svými dětmi a dát jim dobré věci je v Božím slově často vyjádřena.

Kdyby měl Bůh pouze božské vlastnosti, nepotřeboval by po šestidenním stvoření vesmíru odpočívat a nechtěl by s námi mít společenství, když říkal: *"V modlitbách neustávejte"* (1 Tesalonickým 5:17), *"Volej ke mně a odpovím ti. Chci ti oznámit veliké a nedostupné věci, které neznáš"* (Jeremjáš 33:3).

Někdy chcete být sami, ale možná jste šťastnější ve chvíli, když jste s přítelem podobně smýšlejícím, který s vámi sdílí svou lásku. Stejně tak Bůh stvořil člověka podle svého obrazu, protože si chce s někým vyměňovat lásku. Tříbí lidské tvory na této zemi, protože chce skutečné děti, které dokážou porozumět jeho srdci a ze srdce jej milovat.

Bůh chce děti, které ho poslouchají ze své svobodné vůle

Někdo si může lámat hlavu nad tím, proč Bůh stvořil lidské bytosti a vychovává je, třebaže v nebi existuje tak mnoho poslušných andělů a nebeská armáda. Avšak většina andělů nemá žádné lidské vlastnosti, které jsou pro sdílení lásky nejdůležitější. Jinými slovy, nemají svobodnou vůli sami si zvolit. Poslouchají příkazy tak jako roboti, ale nemohou zakoušet radost, hněv, žal a potěšení tak jako lidské bytosti. Z tohoto důvodu nemohou s

Bohem sdílet lásku až do hloubi svého srdce.

Například dejme tomu, že máte dvě děti. Jedno z nich se pouze řídí vašimi příkazy, aniž by vyjádřilo jakékoliv emoce, názory nebo lásku podobně jako dobře naprogramovaný robot. Druhé občas zraní vaše city, ale brzy svých činů lituje, sladce se k vám přivine a různými způsoby vám vyjadřuje svou lásku. Které budete milovat více? Samozřejmě, že to druhé.

Předpokládejme, že máte robota, který vaří, uklízí dům a obsluhuje vás. I přesto nebudete milovat robota více než své děti. Nezáleží na tom, jak těžce pro vás robot pracuje a jak užitečný je, nemůže zaujmout místo vašich dětí.

Stejně tak má Bůh raději lidské bytosti s intelektem a emocemi, které ho radostně poslouchají ze své svobodné vůle než anděly a nebeskou armádu jednající jako dobře naprogramovaní poslušní roboti. Dává lidským bytostem svobodnou vůli a své Slovo. Potom je učí, co je dobré a zlé a jaká je cesta spasení nebo smrti. Trpělivě čeká, dokud se nestanou skutečnými dětmi.

Bůh tříbí člověka s rodičovskou náklonností

V Genesis 6:5-6 se píše: *"I viděl Hospodin, jak se na zemi rozmnožila zlovůle člověka a že každý výtvor jeho mysli i srdce je v každé chvíli jen zlý. Litoval, že na zemi učinil člověka, a trápil se ve svém srdci."*

Znamená to snad, že Bůh neznal tuto skutečnost, když člověka vytvořil? Ne, rozhodně o tom věděl. Bůh je vševědoucí a všemohoucí, takže věděl všechno dříve, než začal čas. Přesto člověka stvořil a tříbil jej.

Pokud jste rodiči, možná tomu rozumíte lépe. Jak těžké je porodit dítě a vychovat ho! Když žena otěhotní, pronásleduje ji devět měsíců mnoho druhů bolesti jako např. žaludeční nevolnost. Při porodu dítěte provází matku ukrutná bolest. Aby rodiče nakrmili, oblékli a naučili děti všemu možnému, vynaloží obrovskou námahu a pracují dnem a nocí. Když přijdou děti pozdě domů, rodiče si o ně dělají starosti. Jestliže onemocní, rodiče cítí mnohem větší bolest, než jejich děti.

Proč rodiče vychovávají děti přes všecku tu bolest a námahu? Důvodem je to, že rodiče touží po objektech, se kterými by mohli sdílet svou lásku, totiž které by cítily rodičovskou lásku a milovaly své rodiče z celého svého srdce. Rodičům i takováto velká námaha přináší štěstí. Kromě toho, pokud se děti hodně podobají svým rodičům, jsou tak roztomilé! Samozřejmě, že všechny děti nejsou ke svým rodičům uctivé. Některé děti milují a respektují své rodiče, ale některé jim působí zármutek.

Stejně tak, i když rodiče znají všechnu tu bolest provázející výchovu dětí, nepovažují ji za bolest. Namísto toho vynakládají obrovské úsilí v očekávání, že jejich děti dospějí v dobré lidi a budou jim dělat radost. Stejně tak Bůh věděl, že lidské bytosti budou neposlušné, stanou se prodejnými a způsobí mu zármutek, ale také věděl, že budou existovat skutečné děti, které s ním budou sdílet lásku. A tak Bůh stvořil lidské bytosti a ochotně je vychovával.

Bůh chce, aby jej skutečné děti oslavovaly

Bůh netříbí lidské tvory na zemi jen proto, aby získal skutečné děti, ale také proto, aby byl skrze ně oslavován. Bůh může přijímat slávu od veliké skupiny andělů a nebeské armády, kdykoliv se mu zachce. Nicméně to, co opravdu chce, je být oslavován svými skutečnými dětmi, které tříbí, z hloubi jejich srdcí.

Bůh říká v Izajáši 43:7: *"Každého, kdo se nazývá mým jménem a koho jsem stvořil ke své slávě, koho jsem vytvořil a učinil"* a v 1 Korintským 10:31 nařizuje, *"Ať tedy jíte či pijete či cokoli jiného děláte, všecko čiňte k slávě Boží."*

Bůh je Stvořitel, Láska a Spravedlnost. On dal svého jediného Syna, aby nás zachránil a připravil nebe a věčný život. On je více než hoden toho být oslavován. Kromě toho, chce vrátit slávu těm, kteří vzdávají slávu jemu.

Tím, že pochopíte, proč chce být Bůh svými duchovně tříbenými dětmi oslavován, se stanete skutečnými Božími dětmi, které s ním navždy budou sdílet lásku.

Bůh odděluje pšenici od plevele

Farmáři obdělávají půdu, protože chtějí sklidit velké množství úrody. Bůh zase tříbí lidské tvory na zemi, aby získal skutečné děti, které ho budou nejen milovat a oslavovat z hloubi svých srdcí, ale také s ním budou v nebi věčně sdílet lásku.

Při sklizni vždy existuje pšenice a plevel, takže farmáři oddělují pšenici od plevele, shromažďují pšenici do svých stodol a plevel nechávají spálit v ohni. Stejným způsobem bude Bůh oddělovat pšenici od plevele, až bude tříbení lidských bytostí u konce:

Lopata je v jeho ruce; a pročistí svůj mlat, svou pšenici shromáždí do sýpky, ale plevy spálí neuhasitelným ohněm (Matouš 3:12).

Proto pevně věřte, že Bůh tříbí lidské tvory na zemi a ve svém vlastním čase shromáždí pšenici - skutečné děti - do nebe k věčnému životu, ale plevel spálí neuhasitelným pekelným ohněm.

Ponořme se tedy hlouběji do přemýšlení o tom, kteří lidé patří z Božího pohledu mezi pšenici a kteří mezi plevel a jakými místy jsou nebe a peklo.

Pšenice a plevel

Pšenice symbolizuje ty, kdo přijali Ježíše Krista, kráčejí v pravdě a sdílejí s Bohem lásku. Ti jsou dětmi světla, které znovu získávají ztracený obraz Boha a dělají, cokoliv Bůh nařídí.

Naopak, plevel představuje ty, kdo nepřijali Ježíše Krista nebo ty, kdo prohlašují, že věří, ale nežijí podle Božího slova a následují své vlastní špatné touhy.

1 Timoteovi 2:4 popisuje našeho Boha jako toho, *"který chce, aby všichni lidé došli spásy a poznali pravdu."* Totiž, Bůh chce, aby byli všichni lidé pšenicí a vstoupili do nebeského království. Bůh se různými způsoby snaží, abyste si to uvědomili a vede vás k cestě spasení. Nicméně, někteří lidé nakonec Boží

vůli a prozíravost ze své vlastní svobodné vůle přestoupí. Tito lidé nejsou před Bohem lepší než zvířata, protože ztratili lidskou hodnotu.

Farmáři spalují plevel v ohni nebo jej používají jako hnojivo, protože kdyby se pšenice i plevel shromáždili do stodoly, pšenice by shnila. Proto Bůh nepustí plevel do nebeského království, kde bude pšenice. Na rozdíl od zvířat má člověk věčného ducha, protože mu Bůh vdechl dech života, když ho stvořil. Takže Bůh nemůže zničit plevel nebo z něj učinit nic.

Pro Boha je nevyhnutelné shromáždit pšenici v nebi a nechat ji těšit se věčnému štěstí a spálit plevel v neuhasitelném pekelném ohni navěky věků. Abyste nebyli vrženi do pekelného ohně, musíte na tuto skutečnost pamatovat.

Nádhera nebe a hrůza pekla

Na jednu stranu je nebe příliš nádherné, než aby se dalo srovnat s čímkoliv na světě. Například květiny na tomto světě brzy uvadnou, ale květiny v nebi ani neuvadnou ani neopadnou, protože všechno v nebi je věčné. Cesty jsou z ryzího zlata, které je tak průzračné jako sklo, protéká zde řeka živé vody čiré jako křišťál a domy jsou z různých druhů oslnivých drahokamů. Všechno je oněměle překrásné (viz knihy *Heaven I & II (Nebe I & II)*).

Na druhou stranu, peklo je místem, kde červi neumírají a oheň nehasne. Každý bude solen ohněm (Marek 9:48-49). Navíc v pekle existuje jezero, kde hoří síra a které je sedmkrát žhavější než hořící jezero (Zjevení 20:10, 15). Nespasení lidé musí žít navěky v jezeře neuhasitelného ohně nebo v jezeře, kde hoří síra. Jak hrozné a děsivé musí být žít zde navěky (viz kniha *Hell (Peklo)*)!

Proto Ježíš v Markovi 9:43 řekl: *"Svádí-li tě k hříchu tvá ruka, utni ji; lépe je pro tebe, vejdeš-li do života zmrzačen, než abys šel s oběma rukama do pekla, do ohně neuhasitelného."*

Proč musí Bůh lásky učinit jak hrozné peklo, tak nádherné nebe? Pokud by špatným lidem bylo dovoleno vstoupit na místo, kde budou přebývat ti, kdo jsou pro Boha dobří a jemu milí, způsobilo by to dobrým lidem bolest a nebe by bylo pošpiněno zlem. Zkrátka, Bůh vytvořil peklo, protože miluje lidské bytosti a chce dát svým dětem jen to nejlepší.

Soud u velkého bílého trůnu

Právě jako farmář každý rok zasévá semena a sklízí úrodu, Bůh tříbí lidské tvory od chvíle, kdy byl Adam vyhnán ze zahrady Eden a bude je tříbit, dokud Ježíš znovu nepřijde.

Bůh ukázal svou vůli praotcům víry jako byli Noe, Abraham, Mojžíš, Jan Křtitel, Petr a apoštol Pavel. V současné době neustále tříbí lidské tvory prostřednictvím svých služebníků. Avšak, právě jako po začátku musí přijít nevyhnutelně konec, i tříbení lidských tvorů nebude trvat věčně.

2 Petrův 3:8 nám říká: *"Ale tato jedna věc kéž vám nezůstane skryta, milovaní, že jeden den je u Pána jako tisíc let a tisíc let jako jeden den."* Zrovna jako Bůh sedmý den po šestidenním stvoření vesmíru odpočíval, Ježíšův příchod a nové milénium, období sabatu, nastane po šesti tisících letech od

Adamova neuposlechnutí. Potom, skrze soud u velkého bílého trůnu, Bůh nechá pšenici vstoupit do nebe a hodí plevel do pekelného ohně.

Proto se ve jménu Pána Ježíše Krista modlím, abych hluboce porozuměl Boží prozíravosti a lásce, s jakou tříbí lidské tvory, vedl požehnaný život a oslavoval Boha s vroucí nadějí nebe.

Kapitola 3

Strom poznání dobrého a zlého

- Adam a Eva v zahradě Eden
- Adam neuposlechl ze své vlastní vůle
- Mzdou hříchu je smrt
- Proč Bůh do zahrady Eden umístil
  strom poznání dobrého a zlého?

Hospodin Bůh postavil člověka do zahrady v Edenu, aby ji obdělával a střežil. Hospodin Bůh člověku přikázal: "Z každého stromu zahrady smíš jíst. Ze stromu poznání dobrého a zlého však nejez. V den, kdy bys z něho pojedl, propadneš smrti."

Genesis 2 :15-17

Ti, kdo neznají velikou lásku Boha Stvořitele a jeho hlubokou a důmyslnou prozíravost v oblasti výchovy jeho skutečných dětí by se mohli ptát: "Proč Bůh do zahrady Eden umístil strom poznání dobrého a zlého?" "Proč nechal prvního člověka vstoupit na cestu zkázy?" Tito lidé si myslí, že by člověk nezemřel a věčně by se radoval ze šťastného života v zahradě Eden, jen kdyby do ní Bůh neumístil tento strom.

Někteří z nich dokonce říkají věci mezi řádky jako: "Bůh nemohl předem vědět, že Adam bude jíst ovoce ze stromu poznání dobrého a zlého," protože nevěří v Boží vševědoucnost a všemohoucnost. Opravdu Bůh umístil tento strom do zahrady Eden s chybným náhledem na věc, aniž by věděl o Adamově budoucí neposlušnosti? Nebo tam strom umístil záměrně a přivedl člověka na cestu smrti? Samozřejmě, že ne!

Proč tedy potom Bůh doprostřed zahrady Eden umístil strom poznání dobrého a zlého? Proč Adam neuposlechl Boží příkaz a klesl tak na cestu smrti?

Adam a Eva v zahradě Eden

I vytvořil Hospodin Bůh člověka, prach ze země, a vdechl mu v chřípí dech života. Tak se stal člověk živým tvorem (Genesis

2:7). Živý tvor je duchovní tvor, který nemá zprvu, když je stvořen, žádné vědomosti. Uveďme si jednoduchý příklad. Právě narozené dítě nemá žádný rozum ani vědomosti. Dítě má ve svém mozku paměťový systém, ale nikdy nic nevidělo, neslyšelo ani se nic neučilo. Takže dítě může jednat pouze na základě instinktu.

Stejně tak Adam, když se stal živým tvorem, neměl žádnou duchovní moudrost ani poznání.

Adam se učil poznání o životě od Boha

Bůh vysadil zahradu v Edenu na východě a postavil tam člověka, kterého vytvořil. Bůh se s Adamem procházel po zahradě a předával mu rovnocenné vědomosti o životě a pravdě, aby mu mohl předat vládu a řízení zahrady Eden.

V Genesis 2:19 čteme: *"Když vytvořil Hospodin Bůh ze země všechnu polní zvěř a všechno nebeské ptactvo, přivedl je k člověku, aby viděl, jak je nazve. Každý živý tvor se měl jmenovat podle toho, jak jej nazve."* Adam byl vybaven poznáním o životě dost na to, aby mohl nad všemi věcmi vládnout.

Bohu se rovněž zdálo, že není dobré, aby byl Adam sám. A tak Bůh uvedl na člověka mrákotu, až usnul, aby pro něj učinil vhodného pomocníka. Vzal jedno z jeho žeber a uzavřel to místo masem. Potom Bůh utvořil z žebra, které vzal z člověka, ženu a přivedl ji k němu. Bůh spojil muže s jeho ženou a stali se jedním tělem (Genesis 2:20-22).

Toto se stalo ne proto, že se Adam sám cítil osaměle, ale

protože Bůh byl sám po dlouhou dobu, dříve než začal čas a věděl, co to osamělost je. Veliká Boží láska a milost jej vedla k tomu, aby učinil Adamovi pomocníka, a protože znal předem Adamovu situaci, požehnal muži a jeho ženě, aby byli plodní, množili se a naplnili zemi.

Adamův dlouhý život v zahradě Eden

Co myslíte, jak dlouho žili Adam a jeho žena Eva v zahradě Eden? Bible o tomto dopodrobna nemluví, ale vězte, že zde žili mnohem déle, než si většina lidí myslí.

Bible nám všechny tyto skutečnosti sděluje pouze v několika verších. A tak si mnoho lidí myslí, že Adam snědl zakázané ovoce a podlehl zkáze nedlouho potom, co ho Bůh postavil do zahrady Eden. Někteří z nich se ptají: "Bible říká, že historie lidstva trvá šest tisíc let, ale jak vysvětlíte, že se mnoho zkamenělin datuje do doby před několika stovkami tisíců let?"

Historie vývoje lidstva v Bibli je přibližně 6000 let počínaje dobou, kdy byli Adam a Eva vyhnáni z Edenu. Nezahrnuje však dlouhé období, během kterého v zahradě Eden žili. Jak plynul čas, nastaly zde veliké geologické a geografické změny jako reakce zemské kůry a na zemi proběhlo několik cyklů rozmnožování a vyhynutí. Jak je uvedeno v 1. kapitole této knihy, mnoho zkamenělin tuto skutečnost potvrzuje.

Právě jako Bůh požehnal Adamovi a jeho ženě v Genesis 1:28, první muž Adam, dříve než byl proklet, chodil dlouhou dobu s Bohem, dal život mnoha dětem a naplnil zahradu Eden. Jako pán všech stvořených věcí si Adam zemi podmanil a panoval na ní stejně jako v zahradě Eden.

Adam neuposlechl ze své vlastní vůle

Bůh dal Adamovi i Evě svobodnou vůli a umožnil jim užívat si hojnosti zahrady Eden a radovat se z ní. Avšak byla zde jedna věc, kterou jim Bůh zakázal. Bůh jim přikázal, aby nejedli ze stromu poznání dobrého a zlého.

Pokud by Adam chápal veliké Boží srdce a skutečně jej miloval, nejedl by zakázané ovoce, protože znal Boží příkaz. Nicméně, toto konkrétní nařízení neuposlechl, protože Boha opravdově nemiloval.

Bůh umístil do zahrady Eden strom poznání dobrého a zlého a zavedl mezi Bohem a člověkem přísný zákon. Umožnil člověku dodržoval příkaz z jeho vlastní vůle. A to, protože chtěl získat skutečné děti, které by ho uposlechly z hloubi svého srdce.

Adam opominul Boží slovo

V Bibli Bůh často slibuje požehnání těm, kdo poslouchají jeho příkazy a dbají všech jeho slov (Deuteronomium 15:4-6, 28:1-14). Avšak, kdo poslouchá všechny Boží příkazy? Dokonce i Bible připouští, že existuje pouze několik lidí na světě, kteří to dokážou.

Bůh musel naučit prvního člověka, Adama, že si bude užívat věčného života a požehnání jen po tu dobu, po jakou bude poslouchat Boha, ale pokud Boha neuposlechne, dosáhne věčné smrti. Bůh ho varoval, aby nejedl ze stromu poznání dobrého a zlého.

Ale Adam a Eva nedbali Božího příkazu a snědli zakázané ovoce. Satan zkoušel narušit Boží plán výchovy skutečných duchovních dětí od samého začátku. Nakonec se satanovi podařilo svést Adama a Evu prostřednictvím hada, který byl nejzchytralejší ze vší polní zvěře, k tomu, aby pojedli (Genesis 3:1). Adam a Eva neuposlechli Boží příkaz. Jak to, že Adam neuposlechl Boží příkaz, ačkoliv byl duchovně živým tvorem a byl Bohem vyučován pouze pravdě?

V Genesis 2:15 zjišťujeme, že Bůh postavil Adama do zahrady Eden, aby v ní hospodařil a pečoval o ni. Adam od Boha obdržel moc a autoritu, aby nad ní vládl a střežil ji. Bůh z něj učinil strážce, aby snad nepřítel ďábel a satan nevnikl dovnitř. Přesto, satan nezklamal, ovládl hada a pokoušel Adama a Evu prostřednictvím hada. Jak se to mohlo stát?

Satan je zkrátka zlý tvor, který má autoritu nad nadzemským královstvím. Satan nemá žádnou podobu. V Efezským 2:2 je satan zmiňován jako vládce nadzemských mocí, duch působící dosud v těch, kteří vzdorují Bohu.

Protože je satan jako rádiové vlny, které se šíří vzduchem, mohl ovládat hada v zahradě Eden, aby pokoušel Adama a Evu. Genesis 1 ukazuje opakující se konkrétní frázi. Na konci každého dne stvoření Bible opakuje: "Bůh viděl, že to je dobré." Tato fráze nebyla vyřčena druhý den, když byla stvořena nebeská klenba.

Opět, Efezským 2:2 mluví o dobách, *"v nichž jste dříve žili podle běhu tohoto světa, poslušni vládce nadzemských mocí, ducha, působícího dosud v těch, kteří vzdorují Bohu."* Bůh předem věděl, že zlí duchové budou mít autoritu nad nadzemským královstvím.

Eva upadla do hadova pokušení

Had je pouze jedním z polních zvířat. Jak to, že uspěl a svedl Evu k tomu, aby neuposlechla Boží příkaz?

V zahradě Eden mohl člověk komunikovat se vším živým stvořením jako jsou květiny, stromy, ptáci, zvířata a tak dále. Eva mohla rovněž komunikovat s hadem. Původně lidé měli hady rádi a byli s nimi na rozdíl ode dneška zadobře. Pokud jde o Evinu přízeň, byli tak hladcí, čistí, dlouzí, kulatí a chytří. Dobře ji znali a dělali jí radost. Je to stejný případ jako se psy, které mají v oblibě jejich páni, protože jsou chytřejší a poslouchají lépe než ostatní zvířata.

Avšak, spousta lidí říká: "Hadi jsou příšerní, jedovatí a odporní." Nemají hady rádi téměř instinktivně, protože hadi jsou těmi, kdo oklamali prvního člověka Adama a jeho ženu Evu, aby neuposlechli příkaz a vtlačili je tak na cestu smrti.

Abyste porozuměli povaze hada, musíte znát charakteristické vlastnosti původní země. Každá půda má různé přísady a odlišnou složenou úměru těchto přísad. Podle prvků přidaných do půdy může být půda dobrá nebo chudá. Když vytvořil Hospodin Bůh ze země všechnu polní zvěř a všechno nebeské ptactvo, vybral pro každé zvíře vhodnou půdu (Genesis 2:19).

Bůh zprvu neučinil hada vychytralým. Bůh mu dal tolik rozumu, aby ho člověk měl rád. Had se stal vychytralým, až v něm zvítězila zlá povaha. Pokud by had nepřijal satanův hlas, ale konal by pouze Boží vůli, stal by se chytrým a dobrým zvířetem. Protože ale naslouchal satanovu hlasu a uposlechl jej, stal se had vychytralým zvířetem, které podvedlo Evu tak, že propadla smrti.

Protože Eva pozměnila Boží slovo

Had věděl, co Bůh Adamovi řekl: *"Z každého stromu zahrady smíš jíst. Ze stromu poznání dobrého a zlého však nejez. V den, kdy bys z něho pojedl, propadneš smrti"*(Genesis 2:16-17). Tak se Evy lstivě zeptal: *"Jakže, Bůh vám zakázal jíst ze všech stromů v zahradě?"* (v. 1)
Jak Eva hadovi odpověděla?

Plody ze stromů v zahradě jíst smíme. Jen o plodech ze stromu, který je uprostřed zahrady, Bůh řekl: "Nejezte z něho, ani se ho nedotkněte, abyste nezemřeli" (Genesis 3:2-3).

Bůh dal Adamovi jasné varování: *"Ze stromu poznání dobrého a zlého však nejez. V den, kdy bys z něho pojedl, propadneš smrti"* (Genesis 2:17). Zdůraznil, že pokud budou jíst ze stromu, nebudou již více na živu. Nicméně, Evina odpověď nebyla tak jasná. Pouze vágně odpověděla "abyste nezemřeli." Pozměnila slova "propadneš smrti." Jinými slovy, myslela: "Pokud sníte zakázané ovoce, můžete, ale nemusíte zemřít." Neměla Boží příkaz na paměti a poněkud zpochybnila Boží slovo. Potom, co had uslyšel její vágní a nejistou odpověď, pustil se do naléhavějšího svádění. Dokonce překroutil Boží příkaz. Had řekl ženě: "Nikoli, nepropadnete smrti." Začal pozměňovat Boží příkaz a povzbuzoval ženu: *"Bůh však ví, že v den, kdy z něho pojíte, otevřou se vám oči a budete jako Bůh znát dobré i zlé"* (Genesis 3:5). Znovu ji pokoušel, dráždíce její zvědavost ještě více.

Eva neuposlechla ze své vlastní svobodné vůle

Potom, co satan vdechl do ženy hříšné touhy skrze její nepravdivou myšlenku, strom se jí začal zdát odlišný od toho, co o něm doposud věděla. V Genesis 3:6 čteme: *"Žena viděla, že je to strom s plody dobrými k jídlu, lákavý pro oči, strom slibující vševědoucnost. Vzala tedy z jeho plodů a jedla, dala také svému muži, který byl s ní, a on též jedl."*

Měla rozhodně a úplně zahnat pokušení od hada. Žádostivost hříšného člověka, touha jejích očí a pýcha života ji strávily a zahnaly ji do hříchu neposlušnosti.

Někdo říká: "Nejedli snad Adam a Eva ovoce ze stromu poznání dobrého a zlého, protože v sobě měli hříšnou povahu?" Předtím, než neuposlechli, v sobě neměli hříšnou povahu, ale pouze dobrotu. Měli pouze svou vlastní svobodnou vůli, ze které mohli nebo nemuseli jíst zakázané ovoce proti Božímu příkazu.

Jak šel čas, opominuli Boží příkaz. Satan je pokoušel prostřednictvím hada a oni pokušení podlehli. Tímto způsobem se do nich dostal hřích a oni porušili řád, který Bůh zřídil.

U dětí, ve kterých roste špatnost, se jedná o podobný případ.

Dokonce i dítě, u kterého se špatnost projevuje v jeho skutcích a slovech, není vždy tak zlé nebo špatné od svého narození. Nejprve napodobuje sprostá slova a klení ostatních dětí, aniž by znalo jejich význam. Nebo může následovat chlapce bijícího jiného chlapce a těšit se z bití druhých chlapců a toho, jak propukají v pláč. Takto opakovaně bije ostatní, zlo je zaseto a roste v něm.

Stejně tak Adam neměl hříšnou povahu od počátku. Když neuposlechl Boží příkaz a pojedl ze stromu poznání dobrého a zlého ze své vlastní vůle, hřích byl počat a zlo v něm bylo zaseto.

Mzdou hříchu je smrt

Právě jako řekl Bůh Adamovi: "Ze stromu poznání dobrého a zlého však nejez. V den, kdy bys z něho pojedl, propadneš smrti," Adam a Eva nepochybně zemřeli potom, co ze stromu pojedli. V Jakubovi 1:15 se říká: *"Žádostivost pak počne a porodí hřích, a dokonaný hřích plodí smrt."*

Římanům 6:23 vás učí zákonu duchovního světa o následku hříchu, "Mzdou hříchu je smrt." Podívejme se na to, jak přišla k Adamovi a Evě smrt kvůli jejich neposlušnosti.

Smrt jejich ducha

Bůh řekl Adamovi jasně: *"Ze stromu poznání dobrého a zlého však nejez. V den, kdy bys z něho pojedl, propadneš smrti."* Avšak ihned potom, co neuposlechli Boží příkaz, nezemřeli. Žili velmi dlouho a dali život ještě mnoha dalším dětem. Co bylo tedy potom tou "smrtí," před kterou je Bůh varoval?

Neměl na mysli smrt jejich těl, ale smrt jejich ducha. Lidé jsou stvořeni s duchem, který může komunikovat s Bohem, duší, která je služebníkem jejich ducha a tělem, ve kterém duch a duše přebývají. 1 Tesalonickým 5:23 říká, že lidé se skládají z ducha, duše a těla. Když Adam a Eva neuposlechli Boží příkaz, jejich duch, pán člověka, zemřel.

Bůh je bez viny a bez poskvrny a jako jediný svatý přebývá v nedosažitelném světle, takže s ním hříšníci nemohou být. Adam mohl s Bohem komunikovat, když byl duchovně živým, ale potom, co jeho duch zemřel kvůli hříchu, nemohl již déle s Bohem komunikovat.

Počátek života plného bolesti

Zahrada Eden byla překrásným místem plným hojnosti, kde nebyly žádné starosti a strach a Adam a Eva zde mohli věčně žít a jíst ze stromu života. Ale oni byli potom, co zhřešili, ze zahrady Eden vyhnáni. Od té doby začaly jejich problémy a utrpení.

Žena musela při porodu snášet více bolesti. Dychtila po svém muži, ale její muž nad ní vládl. Až potom, co muž těžkou a namáhavou prací obdělal prokletou zemi, mohl z ní jíst, a tak to trvalo po celý jeho život (Genesis 3:16-17).

Bůh říká Adamovi v Genesis 3:18-19: *"Vydá ti jenom trní a hloží a budeš jíst polní byliny. V potu své tváře budeš jíst chléb, dokud se nenavrátíš do země, z níž jsi byl vzat. Prach jsi a v prach se navrátíš.* " Těmito verši Bůh naznačuje, že se člověk musí navrátit do hrstky prachu.

Protože Adam, praotec všeho lidstva, spáchal hřích neposlušnosti a jeho duch zemřel, všichni jeho potomci se rodí jako hříšníci a jdou cestou smrti.

Římanům 5:12 zaznamenává Adamovo přetrvávající dědictví: *"Skrze jednoho člověka totiž vešel do světa hřích a skrze hřích smrt; a tak smrt zasáhla všechny, protože všichni zhřešili."*

Všichni lidé se rodí s prvotním hříchem

Bůh umožňuje lidem být plodnými a zvyšovat svůj počet skrze semena života, která jim dal, když je stvořil. Lidé jsou počati spojením spermie a vajíčka, které Bůh dal každému muži a ženě jako semena života. Protože spermie či vajíčko v sobě mají vlastnosti každého rodiče, dítě počaté spojením spermie a vajíčka se podobá svým rodičům vzhledem, vlastnostmi, chutěmi, zvyky, zálibami, držením těla a podobně.

Tímto způsobem byla Adamova hříšná přirozenost předána všem jeho potomkům potom, co Adam, praotec všech lidí, zhřešil. Nazýváme to "prvotním hříchem." Adamovi potomci se rodí s prvotním hříchem. Takže všichni lidé jsou nevyhnutelně hříšníky.

Někteří nevěřící si stěžují: "Proč nebo jak proboha mohu být hříšník? Nedopustil jsem se žádného hříchu." Jiní se ptají: "Jak může být Adamův hřích předán mě?"

Uveďme si příklad s dítětem. Kojící matka má dítě, které

nemá ještě ani rok. Před očima vlastního dítěte kojí jiné dítě. Je velmi pravděpodobné, že se její dítě rozčilí a pokusí se druhé dítě odstrčit. Pokud matka nepřestane s kojením druhého dítěte nebo dítě nepřestane sát z jejího prsu, její dítě může strčit nebo udeřit matku nebo druhé dítě. Když bude matka pokračovat v dávání mléka druhému dítěti, její vlastní může propuknout v pláč.

I když nikdo neučil malé dítě závisti, žárlivosti, nenávisti, chamtivosti nebo strkání, dítě mělo tyto špatné věci ve své mysli od svého narození. Tato skutečnost vysvětluje, že se lidé rodí s prvotním hříchem, který se dědí od jejich rodičů.

O kolik více hřeší každý jedinec po celou dobu svého vlastního života? Pochopte, že nejen hříšné jednání, ale rovněž každý druh špatnosti v naší mysli je před Bohem, který je sám světlem, hřích. Bůh si všímá a vidí v naší mysli špatnost jako je nenávist, chamtivost, odsuzování a mnoho dalšího.

Proto nám Bible říká, že nikdo nebude před Bohem ospravedlněn ze skutků zákona a všichni zhřešili a jsou daleko od Boží slávy (Římanům 3:20,23).

Proklet nebyl pouze člověk, ale také všechny věci

Když Adam, který byl pánem nad všemi věcmi, zhřešil a byl proklet, země a všechna zemská zvěř i rozmanité druhy dobytka, polní zvířata a nebeské ptactvo byli prokleti spolu s ním. Od té doby existuje škodlivý a jedovatý hmyz jako jsou mouchy a komáři, který přenáší různé druhy nemocí.

Země začala rodit trní a hloží a člověk mohl sklízet úrodu k jídlu pouze s velkou dřinou a v potu své tváře. Člověk byl donucen čelit slzám, žalu, nemocem, smrti a podobně, protože byl na této zemi proklet.

Proto v Římanům 8:20-22 čteme: *"Neboť tvorstvo bylo vydáno marnosti - ne vlastní vinou, nýbrž tím, kdo je marnosti vydal. Trvá však naděje, že i samo tvorstvo bude vysvobozeno z otroctví zániku a uvedeno do svobody a slávy dětí Božích. Víme přece, že veškeré tvorstvo až podnes společně sténá a pracuje k porodu."*

Jak byl tedy potom proklet had? V Genesis 3:14 řekl Bůh vychytralému hadu, který člověka svedl ke hříchu: *"Protožes to učinil, buď proklet, vyvržen ode všech zvířat a ode vší polní zvěře. Polezeš po břiše, po všechny dny svého života žrát budeš prach."* Hadi, nicméně, nežerou prach, ale živá zvířata jako ptáky, žáby, myši nebo hmyz. Bůh jasně řekl: *"Po všechny dny svého života žrát budeš prach."* Jak byste vyložili tento verš?

"Prach" zde symbolizuje "člověka, prach ze země" (Genesis 2:7) a "had" znamená nepřítele ďábla a satana (Zjevení 20:2). "Po všechny dny svého života žrát budeš prach" znamená, že satan a ďábel pohltí lidi, kteří nežijí podle Božího slova, ale spíše kráčejí v temnotě.

Dokonce i Boží děti čelí problémům a utrpení, které satan a ďábel přináší, pokud se dopustí zla a zhřeší proti Boží vůli. V současné době satan a ďábel obchází jako lev řvoucí a hledá, koho by pohltil (1 Petrův 5:8). Pokud někoho najde, zotročí ho prokletím hříchu a zavleče ho na cestu zkázy. Je-li to možné, zkouší svést i Boží děti.

Satan a ďábel svádí ty, kdo říkají: "Já věřím v Boha," ale nejsou si jisti Božím slovem, a tak je vede na cestu smrti. Obvykle se vás satan a ďábel snaží svést skrze ty, kdo jsou vám nejbližší, jako jsou váš manžel či manželka, vaši přátelé a příbuzní - způsobem, kterým sváděl Evu prostřednictvím hada, jednoho z jejích nejoblíbenějších mazlíčků.

Například se vás váš manžel či manželka nebo přítel může zeptat: "Nestačí ti navštěvovat pouze ranní nedělní bohoslužbu? Musíš pokaždé chodit i na večerní nedělní bohoslužbu?" nebo "Musíš vždycky udělat všechno pro to, abychom se každý den shromáždili?" "Bůh vidí a zná dokonce i to, co je skryto hluboko v tvém srdci, protože je vševědoucí a všemohoucí. Je nutné, abys k němu volal v modlitbách?"

Bůh nám nařídil, abychom pamatovali na den odpočinku, že nám má být svatý (Exodus 20:8), abychom nezanedbávali společná shromáždění (Židům 10:25) a volali k němu v modlitbách (Jeremjáš 33:3). Satan nemůže svést ani přinutit ke hříchu ty, kdo zcela staví na Božím slově (Matouš 7:24-25).

Stejně jako se říká v Efezským 6:11: *"Oblecte plnou Boží zbroj, abyste mohli odolat ďáblovým svodům,"* musíte se vyzbrojit slovem Boží pravdy a odvážně zahnat nepřítele ďábla a satana vírou.

Proč Bůh do zahrady Eden umístil strom poznání dobrého a zlého?

Bůh umístil do zahrady Eden strom poznání dobrého a zlého

ne proto, aby zahnal člověka do zkázy, ale aby mu poskytl opravdové štěstí. Aniž by obsáhlo jeho veliký plán, mnoho lidí nesprávně chápe Boží lásku a spravedlnost a dokonce v Boha nevěří. Žijí jednotvárný nebo nudný život, aniž by našli opravdový smysl svého života.

Proč tedy Bůh do zahrady Eden umístil strom poznání dobrého a zlého a proč nám to přináší velké požehnání?

Adam a Eva nepoznali opravdové štěstí

Nádhera a hojnost zahrady Eden přesahuje všechny vaše představy. Bůh dal vyrůst ze země všemu stromoví žádoucímu na pohled. S plody dobrými k jídlu. Uprostřed zahrady pak stromu života a stromu poznání dobrého a zlého (Genesis 2:9).

Proč tedy Bůh doprostřed zahrady umístil strom poznání dobrého a zlého spolu se stromem života tak, aby na něj bylo dobře vidět? Bůh nikdy nezamýšlel zahnat člověka na cestu zkázy tím, že jej bude svádět k tomu, aby pojedl ze stromu. Byla to Boží prozíravost nechat nás skrze strom poznání dobrého a zlého porozumět relativnosti a stát se jeho skutečnými duchovními dětmi, které dokážou vnímat jeho srdce.

Když lidé zakusí žal, pláč, bídu nebo nemoci, mohou si myslet, že Adam a Eva museli být v zahradě Eden velmi šťastní, protože nepoznali bolesti tohoto světa jako jsou žal, pláč, bída nebo nemoci. Nicméně, lidé v zahradě Eden nepoznali ani skutečné štěstí ani opravdovou lásku, protože neměli žádnou zkušenost s relativností.

Uveďme si příklad. Máme dva chlapce. Jeden se narodil a

vyrostl v chudobě, druhý se narodil v hojnosti, kterou si užíval. Jestliže darujete každému z nich velmi drahou hračku, jaká bude reakce každého z nich? Na jednu stranu chlapec, který vyrostl v blahobytu, nebude tak vděčný, protože zřídkakdy pociťuje cenu hračky. Na druhou stranu chlapec, který vyrostl v chudobě, bude velmi vděčný a bude považovat hračku za velmi vzácnou.

Skutečné štěstí přichází skrze relativnost

Stejným způsobem ti, kdo zakusí relativnost věcí jako jsou svoboda nebo hojnost, poznají a těší se ze skutečného štěstí nebo skutečné svobody. Na rozdíl od zahrady Eden existuje na světě mnoho relativních věcí. Pokud si přejete poznat a těšit se ze skutečné hodnoty čehokoliv, musíte zakusit relativnost dané věci. Nemůžete si plně uvědomit skutečnou hodnotu dané věci, dokud nezakusíte její opačné aspekty.

Například, pokud si přejete poznat skutečné štěstí, musíte zažít neštěstí. Pokud si přejete poznat hodnotu opravdové lásky, musíte zažít nenávist. Nemůžete si plně uvědomit hodnotu svého zdraví, dokud nepocítíte bolest kvůli nemocem nebo špatnému zdraví. Neuvědomíte si hodnotu věčného života a nebudete vděční Bohu otci, který připravuje pro dobré nebe, dokud nepochopíte, že určitě existuje smrt a peklo.

První člověk Adam si užíval čehokoliv, co si přál k jídlu a měl autoritu vládnout nad všemi věcmi v zahradě Eden. Získal všechno, aniž by zakusil úmornou dřinu a zapotil se při ní. Z tohoto důvodu nevyjádřil vděčnost Bohu, který mu dal všechno ani nepoznal jeho milost a lásku v jeho srdci.

Později Adam neuposlechl Boží příkaz tím, že snědl ovoce. Do té doby byl Adam duchovně živý, ale potom, co zhřešil, jeho duch zemřel a on se stal tělesným člověkem. On a jeho žena byli vyhnáni ze zahrady Eden a začali žít na zemi. Začali snášet to, co v zahradě Eden nikdy nezažili: žal, nářek, nemoci, bolest, neštěstí, smrt a podobně. Nakonec zakusili všechno, co bylo opakem štěstí v zahradě Eden.

Při takovém procesu mohli Adam a Eva pochopit a pocítit, co je štěstí a co neštěstí a jak cenné byly svoboda a hojnost, které jim Bůh v zahradě Eden dal.

Váš život nebude mít smysl, pokud budete žít věčně, aniž byste poznali, co je štěstí a co neštěstí. I když nyní trpíte, váš život bude cennější a bude mít větší smysl, pokud později pocítíte skutečné štěstí.

Například, i když rodiče čekají, že se jejich děti budou při studiu muset namáhat, pořád je nechávají chodit do školy. Pokud rodiče své děti milují, ochotně jim pomohou pilně studovat či zakusit spoustu dobrých věcí. Je to stejný případ jako se srdcem Boha otce, který poslal lidi na tento svět a tříbí je jako své skutečné děti skrze všechny druhy zkušeností.

Ze stejného důvodu Bůh umístil do zahrady Eden strom poznání dobrého a zlého a nezabránil Adamovi a Evě z něj z jejich vlastní svobodné vůle jíst. Naplánoval všechny věci tak, aby lidé mohli zakusit všechny druhy radosti, hněvu, žalu a potěšení na tomto světě a stát se prostřednictvím takovéhoto tříbení jeho skutečnými dětmi.

Skrze bolestivé zkušenosti mohou nakonec porozumět skutečné hodnotě a smyslu těchto věcí jedné po druhé až do hloubi svého srdce.

Protože skrze jeho tříbení poznají a pocítí skutečné štěstí, Boží děti Boha znovu nezradí jako to udělal Adam v zahradě Eden bez ohledu na to, kolik uplynulo času. Namísto toho ho budou stále více a více milovat, budou naplněny radostí a díky a vzdají mu větší slávu.

Skutečné štěstí v nebi

Boží děti, které na tomto světě zakusily žal, nářek, bolest, nemoci, smrt a podobně, vstoupí do věčného nebe a budou se zde navěky těšit věčnému štěstí, lásce, radosti a díkuvzdání. Pocítí radost z dokonalého štěstí v nebi.

V tomto tělesném světě všechno spěje k rozkladu a umírá, ale ve věčném nebeském království není žádného rozkladu, smrti, nářku a žalu. Zlato je na tomto světě ceněno nejvýše, ale všechny cesty v novém Jeruzalémě v nebi jsou z ryzího zlata. Nebeské domy jsou udělány z velmi překrásných a vzácných drahokamů. Jak jsou úžasné a nádherné!

Dokud jsem nepotkal Boha, považoval jsem zlato a drahokamy za nejcennější, ale od té doby, co jsem se dozvěděl o věčném nebi, začal jsem pokládat všechno na tomto světě za marné a bezcenné. Život na tomto světě je v porovnání s věčnou říší jen chvilkou. Jestliže skutečně věříte a doufáte ve věčné nebe, nikdy nebudete tento svět milovat. Namísto toho budete pouze přemýšlet, co byste měli a mohli udělat, aby byl spasen další člověk nebo jak byste mohli hlásat evangelium po celém světě. Tím, že z celého svého srdce přinesete Bohu svou největší oběť, aniž byste si pro sebe ukládali poklady na zemi, získáte pro sebe odměnu v nebi.

Apoštol Pavel dokázal jít svou namáhavou cestou s radostí a díky až do konce, protože viděl třetí nebe, které mu Bůh ukázal ve vidění. Musel jako apoštol pohanů snášet obrovské utrpení. Bůh mu ukázal velkolepou nádheru nebe a povzbudil ho k tomu, aby šel po své cestě až do konce v naději v nebe. Za to, že kázal evangelium, byl tlučen holemi, tvrdě bičován, kamenován, často vězněn a také proléval svou krev. Navzdory tomu všemu Pavel věděl, že za tyto věci bude v nebi odměněn tak, že to přesahuje jakékoliv jeho představy. Nakonec, všechno jeho utrpení bylo pro veliké nebeské požehnání.

Boží lidé nedoufají v tento svět. Touží pouze po nebeském království. V Božích očích je tento svět pouhým momentem, ale život v nebeském království je věčný. V nebi nebude ani nářku ani žalu ani bolesti a ani smrti. Takže věřící mohou radostně žít v naději ve velkou cenu, kterou je Bůh odmění v nebi podle toho, co zaseli nebo udělali.

Proto se modlím ve jménu našeho Pána Ježíše Krista, abyste porozuměli veliké lásce a prozíravosti Boha Stvořitele a připravili se na vstup do nebe tak, abyste se mohli těšit z věčného života a skutečného štěstí ve velkolepě nádherném a úžasném nebi.

Kapitola 4

Tajemství skryté dříve, než začal čas

- Adamova autorita vydaná ďáblu
- Právo vykoupení země
- Tajemství skryté dávno předtím, než začal čas
- Ježíš má předpoklady podle práva

Moudrosti sice učíme, ale jen ty, kteří jsou dospělí ve víře - ne ovšem moudrosti tohoto věku či vládců tohoto věku, spějících k záhubě, nýbrž moudrosti Boží, skryté v tajemství, kterou Bůh od věčnosti určil pro naše oslavení. Tu moudrost nikdo z vládců tohoto věku nepoznal; neboť kdyby ji byli poznali, nebyli by ukřižovali Pána slávy.

1 Korintským 2:6-8

Adam a Eva byli v zahradě Eden pokoušeni hadem, neuposlechli Božího příkazu a pojedli ze stromu poznání dobrého a zlého, protože ve své mysli zatoužili po tom být jako Bůh. Následkem toho se oni a všichni jejich potomci stali hříšníky.

Z pohledu lidských tvorů se Adam a Eva naučili tomu, co to znamená být velmi nešťastnými, protože byli vyhnáni ze zahrady Eden a museli jít cestou smrti. Nicméně, z duchovního hlediska je to úžasné Boží požehnání, neboť dostali šanci těšit se ze spasení, věčného života a nebeského požehnání prostřednictvím Ježíše Krista.

Skrze tříbení člověka bylo tajemství, skryté pro vaši slávu dříve, než začal čas, odhaleno a cesta spasení byla široce otevřena všem národům. Dovolte mi, abych se ponořil hlouběji do tajemství, které bylo skryto dříve, než začal čas a do toho, jak byla otevřena cesta spasení.

Adamova autorita vydaná ďáblu

V Lukášovi 4:5-6 nacházíme ďábla, jak pokouší Ježíše, který zrovna ukončil 40-ti denní půst:

Pak ho ďábel vyvedl vzhůru, v jediném okamžiku mu ukázal všechna království země a řekl: "Tobě dám všechnu moc i slávu těch království, poněvadž mně je dána, a komu chci, tomu ji dám:"

Ďábel řekl, že předá moc Ježíšovi, protože jemu samotnému byla někým dána. Proč Bůh, který vládne nad všemi věcmi, dovolil, aby byla veškerá moc dána ďáblovi?

V Genesis 1:28 se říká: *"A Bůh jim požehnal a řekl jim: 'Ploďte a množte se a naplňte zemi. Podmaňte ji a panujte nad mořskými rybami, nad nebeským ptactvem, nade vším živým, co se na zemi hýbe."*

Adam obdržel od Boha autoritu a moc řídit a vládnout nad všemi věcmi. On byl pánem všech věcí, ale po nějaké době byli on a jeho žena podvedeni hadem a jedli ovoce ze stromu poznání dobrého a zlého. Dopustili se vůči Bohu hříchu neposlušnosti.

V Římanům 6:16 čteme: *"Víte přece, když se někomu zavazujete k poslušné službě, že se stáváte služebníky toho, koho posloucháte - buď otročíte hříchu, a to vede k smrti, nebo posloucháte Boha, a to vede k spravedlnosti."* Jste otroky hříchu nebo spravedlnosti. Pokud se dopouštíte hříchů, jste otroky hříchu a budete směřovat ke smrti. Pokud se řídíte slovem spravedlnosti, jste však otroky spravedlnosti a vstoupíte do nebe.

Adam se vůči Bohu dopustil hříchu neposlušnosti a stal se otrokem hříchu. A tak již déle nemohl mít autoritu a moc, které mu Bůh dal. Musel předat autoritu a moc ďáblu, stejně jako veškeré vlastnictví otroka patří přirozeně jeho pánu. Zkrátka, Adam předal svou autoritu a moc, které dostal od Boha, ďáblu, protože zhřešil a stal se otrokem hříchu.

Adamova neposlušnost měla za následek hříchy všech lidí. Způsobila, že on a všichni jeho potomci musí sloužit ďáblu jako otroci a jsou odsouzeni k smrti.

Právo vykoupení země

Co musí lidé udělat, aby byli osvobozeni od nepřítele ďábla a satana a byli spaseni ze svých hříchů a od smrti? Někdo říká: "Bůh odpouští bezpodmínečně každému, protože Bůh je láska. Oplývá soucitem a milostí." Nicméně, 1 Korintským 14:40 říká: *"Všechno ať se děje slušně a spořádaně."* Bůh dělá všechno spořádaně podle práva duchovního světa. Bůh nečiní nic proti duchovnímu právu, protože on je Bůh spravedlnosti a čestnosti.

V duchovním světě existuje zákon potrestání hříšníků, který říká, "Mzdou hříchu je smrt." Rovněž existuje právo vykoupení hříšníků. Toto duchovní právo by se mělo aplikovat při znovunabytí autority, kterou Adam předal ďáblu.

Co je tedy potom právo vykoupení hříšníků?

Je to právo vykoupení země zaznamenané ve Starém zákoně. Dříve, než začal čas, Bůh otec podle tohoto práva tajně připravil cestu lidského spasení.

Co je to právo vykoupení země?

Toto je Boží příkaz Izraelitům v Leviticu 25:23-25:

Země nesmí být prodávána bez práva na zpětnou koupi, neboť země je má. Vy jste u mne jen hosté a přistěhovalci. Proto po celé zemi, jež bude vaším vlastnictvím, zajistíte možnost zemi vyplatit. Když tvůj bratr zchudne a odprodá něco ze svého vlastnictví, přijde k němu jeho příbuzný jako zastánce a vyplatí, co jeho bratr prodal.

Každý kus země patří Bohu a nesmí být prodán bez práva na zpětnou koupi. Pokud někdo odprodal svou zemi, protože zchudnul, Bůh umožnil jemu nebo jeho nejbližšímu příbuznému zastánci vyplatit zemi zpět. Toto je právo vykoupení země.

Když Izraelci prodávají a kupují zemi, sepisují ke kupní smlouvě potvrzení podle práva vykoupení země, aby nedošlo k trvalému odprodání země.

Prodávající a kupující zapisují na potvrzení podrobný obsah kupní smlouvy, aby mohl prodávající nebo jeho nejbližší příbuzný zastánce později zemi vykoupit. Pořizují kopii a obě vyhotovená potvrzení opatřují svými pečetěmi před dvěma nebo třemi svědky. Jedna smlouva je zapečetěna a ponechána v úschovně svatého chrámu. Druhá smlouva je ponechána ve vstupní místnosti, otevřená a nezapečetěná. Právo vykoupení země umožňuje prodávajícímu a jeho nejbližšímu příbuznému zastánci kdykoliv zemi vykoupit.

Právo vykoupení země a lidské spasení

Proč Bůh připravil cestu lidského spasení podle práva

vykoupení země? Genesis 3:19 a 23 nám jasně říká, že právo vykoupení země má přímou souvislost se spasením lidstva:

V potu své tváře budeš jíst chléb, dokud se nenavrátíš do země, z níž jsi byl vzat. Prach jsi a v prach se navrátíš (Genesis 3:19).

Proto jej Hospodin Bůh vyhnal ze zahrady v Edenu, aby obdělával zemi, z níž byl vzat (Genesis 3:23).

Potom, co ho Adam neuposlechl, mu Bůh řekl: "Prach jsi a v prach se navrátíš." "Prach" zde symbolizuje člověka, který byl učiněn z prachu. Proto se člověk po smrti navrátí v prach.

Právo vykoupení země říká, že všechna zem náleží Bohu a nesmí se prodávat bez práva na zpětnou koupi (Leviticus 25:23-25). Tyto verše znamenají, že všichni lidé učinění z prachu země patří Bohu a nemohou být prodáni bez práva na zpětnou koupi. To rovněž naznačuje, že ani autorita a moc, které Adam obdržel od Boha v zahradě Eden, nemohou být prodány bez práva na zpětnou koupi, protože patřily Bohu.

Adamova autorita byla dána nepříteli ďáblu a satanu, ale ten, kdo je oprávněn pro vykoupení Adamovy ztracené autority, ji mohl znovu získat od nepřítele ďábla. Stejně tak Bůh spravedlnosti předurčil dokonalého vykupitele podle práva vykoupení země. Tím vykupitelem je Spasitel všeho lidstva.

Tajemství skryté dávno předtím, než začal čas

Dříve než začal čas, věděl Bůh lásky, že ho Adam neuposlechne a všichni jeho potomci klesnou na cestu smrti. Tajně připravil cestu lidského spasení a skryl ji, dokud nenastala doba, kterou si sám vybral.

Pokud by ďábel znal tuto Boží cestu, bránil by Bohu v rozřešení hříchu a smrti všeho lidstva, aby neztratil svou autoritu. 1 Korintským 2:6-7 zaznamenává: *"Moudrosti sice učíme, ale jen ty, kteří jsou dospělí ve víře - ne ovšem moudrosti tohoto věku či vládců tohoto věku, spějících k záhubě, nýbrž moudrosti Boží, skryté v tajemství, kterou Bůh od věčnosti určil pro naše oslavení."*

Ježíš Kristus, moudrost Boží

Římanům 5:18-19 říká: *"A tak tedy: Jako jediné provinění přineslo odsouzení všem, tak i jediný čin spravedlnosti přinesl všem ospravedlnění a život. Jako se neposlušností jednoho člověka mnozí stali hříšníky, tak zase poslušností jednoho jediného mnozí se stanou spravedlivými."*

Všichni lidé se stanou spravedlivými a budou spaseni poslušností jednoho člověka stejně jako se všichni lidé stali hříšníky a klesli na cestu smrti kvůli neposlušnosti jednoho člověka.

Stejně tak Bůh poslal Ježíše Krista, kterého tajně připravil jako cestu spasení a nechal Ježíše ukřižovat a vstát z mrtvých. Od té doby, kdokoliv v něj uvěří, je spasen. V 1 Korintským 1:18 nám Bůh říká: *"Slovo o kříži je bláznovstvím těm, kdo jsou na cestě k záhubě; nám, kteří jdeme ke spáse, je mocí Boží."*

Některým lidem připadá bláznivé, že Syna všemohoucího Boha urážely a zabily bytosti, které Bůh stvořil. Nicméně, tento "bláznivý" Boží plán je mnohem moudřejší než nejmoudřejší lidský plán a Boží "slabost" je mnohem silnější než největší lidská síla (1 Korintským 1:19-25). Bible jednoznačně říká, že nikdo nemůže být nikdy v očích Boha ospravedlněn dodržováním zákona. Avšak Bůh otevřel cestu spasení pro každého, kdo jednoduše uvěří v Ježíše Krista.

Mzdou hříchu je smrt. A tak by nemohl být nikdo spasen, pokud by Ježíš nezemřel za naše hříchy. Ježíš byl ukřižován za naše hříchy a z Boží moci byl vzkříšen. Stejně tak Bůh připravil cestu, která může vypadat chabě nebo bláznivě a na dlouhou dobu ji skryl.

Bůh tajně skryl Ježíše Krista a jeho ukřižování, protože kdyby se o tom dozvěděl nepřítel ďábel a satan, bránil by cestě lidského spasení. Ďábel by nikdy nezabil Ježíše na kříži, kdyby věděl, že Bůh připravil skrze kříž cestu spasení, aby vykoupil všechny lidi z jejich hříchů, spasil je od smrti a získal zpět Adamovu autoritu od ďábla.

Znovu vzpomeňme na 1 Korintským 2:6-8: *"Moudrosti sice učíme, ale jen ty, kteří jsou dospělí ve víře - ne ovšem moudrosti tohoto věku či vládců tohoto věku, spějících k záhubě, nýbrž moudrosti Boží, skryté v tajemství, kterou Bůh od věčnosti určil pro naše oslavení. Tu moudrost nikdo z vládců tohoto věku nepoznal; neboť kdyby ji byli poznali, nebyli by ukřižovali Pána slávy."*

Ježíš má předpoklady podle práva

Jako má každá smlouva své předpisy, duchovní svět má pravidlo, které přikazuje, že vykupitel musí mít k navrácení Adamovy ztracené autority z rukou ďábla předpoklady podle práva vykoupení země.

Například, dejme tomu, že máme muže, jehož podnik čelí bankrotu. Má veliké dluhy, ale není schopen je splatit. Pokud má zámožného bratra, který ho má rád, jeho bratr splatí všechny jeho dluhy najednou.

Všichni lidé, kteří jsou od doby Adamova pádu hříšníky, potřebují vykupitele, který má předpoklady k tomu, aby je od hříchů očistil. Jaké jsou tedy předpoklady vykupitele? Proč Bible říká, že pouze Ježíš má k vykoupení předpoklady?

Za prvé, vykupitel musí být člověk

V Leviticu 25:25 se říká: *"Když tvůj bratr zchudne a odprodá něco ze svého vlastnictví, přijde k němu jeho příbuzný jako zastánce a vyplatí, co jeho bratr prodal."* Právo vykoupení země říká, že pokud nějaký člověk zchudne a prodá svůj majetek, jeho příbuzný zastánce může vykoupit to, co prodal.

V 1 Korintským 15:21-22 čteme: *"A jako vešla do světa smrt skrze člověka, tak i zmrtvýchvstání: jako v Adamovi všichni umírají, tak v Kristu všichni dojdou života."* Prvním předpokladem vykupitele, který může znovu získat Adamovu autoritu, je to, že to musí být člověk. Tato skutečnost je ještě jednou podrobně popsána ve Zjevení 5:1-5:

> *A v pravici toho, který sedí na trůnu, spatřil jsem knihu úplně popsanou, zapečetěnou sedmi pečetěmi. Tu jsem uviděl mocného anděla, který vyhlásil velikým hlasem: "Kdo je hoden otevřít tu knihu a rozlomit její pečetě?" Ale nikdo na nebi ani na zemi ani pod zemí nemohl tu knihu otevřít a podívat se do ní. Velmi jsem plakal, že se nenašel nikdo, kdo by byl hoden tu knihu otevřít a podívat se do ní. Ale jeden ze starců mi řekl: "Neplač. Hle, zvítězil lev z pokolení Judova, potomek Davidův; on otevře tu knihu sedmkrát zapečetěnou."*

Fráze *"knihu úplně popsanou, zapečetěnou sedmi pečetěmi"* označuje smlouvu, která byla uzavřena mezi Bohem a ďáblem, když Adam neuposlechl Boha a stal se hříšníkem. Apoštol Jan nemohl najít nikoho na nebi, na zemi ani pod zemí, kdo by byl hoden rozlomit pečetě a otevřít svitek.

Bylo to kvůli tomu, že andělé v nebi nejsou lidmi, všichni lidé na zemi jsou jako Adamovi potomci hříšníky a pod zemí jsou pouze zlí duchové náležející ďáblu a mrtvé duše, které propadnou peklu.

Tehdy řekl Janovi jeden ze starců: *"Neplač. Hle, zvítězil lev z pokolení Judova, potomek Davidův; on otevře tu knihu sedmkrát zapečetěnou."* Slovní spojení "potomek Davidův" zde má na mysli Ježíše, který se narodil jako potomek krále Davida z kmene Juda (Skutky 13:22-23). Proto má Ježíš předpoklad pro první podmínku práva vykoupení země.

Někdo může říci, že "Bůh je svrchovaný. Ježíš je přeci Bůh, protože je Božím Synem. Rozhodně není člověkem." Nicméně, vzpomeňme, co čteme v Janovi 1:1: *"To Slovo byl Bůh"* a v Janovi 1:14: *"A Slovo se stalo tělem a přebývalo mezi námi."* Bůh, který byl Slovem, se stal tělem a žil tady na zemi mezi námi.

Byl to Ježíš, jehož původní entita byla Bůh a který se stal tělem jako člověk. Ve své entitě byl Slovem a Božím Synem. Měl lidskou a božskou podstatu. Nicméně, narodil se a vyrostl v lidské podobě v těle. Historie lidstva je rozdělena do dvou částí, přičemž mezníkem je Ježíšovo narození. B.C., *před Kristem* a A.D., *léta Páně*. To samo o sobě dosvědčuje, že se Ježíš stal tělem a přišel na tuto zemi. Narození Ježíše, jeho výchova a ukřižování jsou rovněž částmi této očividné skutečnosti.

Ježíš je proto člověkem a má předpoklad k tomu být naším vykupitelem.

Za druhé, nesmí být Adamovým potomkem

Dlužník nemůže splatit dluh jiných lidí. Ten, kdo nemá žádný dluh a je schopný ostatním pomoci, jej může splatit. Stejně tak musí být vykupitel všech lidí bez viny a bez poskvrny, aby mohl vykoupit všechny lidi z jejich hříchů a od smrti. Všichni lidé jsou Adamovými potomky a hříšníky, protože Adam, první praotec všech lidí, zhřešil. Žádný z jeho potomků nemá předpoklad k tomu být vykupitelem všech lidí, protože oni sami jsou hříšníky. Dokonce ani ten nejúžasnější muž v dějinách lidstva nemůže být zodpovědný za hříchy ostatních.

Má Ježíš tento předpoklad?

Matouš 1:18-21 popisuje Ježíšovo narození. Byl počat z Ducha svatého, ne spojením muže a ženy. Verše říkají:

> *Narození Ježíšovo událo se takto: Jeho matka Maria byla zasnoubena Josefovi, ale dříve, než se sešli, shledalo se, že počala z Ducha svatého. Její muž Josef byl spravedlivý a nechtěl ji vystavit hanbě; proto se rozhodl propustit ji potají. Ale když pojal ten úmysl, hle, anděl Páně se mu zjevil ve snu a řekl: "Josefe, synu Davidův, neboj se přijmout Marii, svou manželku; neboť co v ní bylo počato, je z Ducha svatého. Porodí syna a dáš mu jméno Ježíš; neboť on vysvobodí svůj lid z jeho hříchů."*

Ježíš byl podle svého rodokmenu Davidovým potomkem (Matouš 1; Lukáš 3:23-37). Avšak, byl počat z Ducha svatého před tím, než došlo ke spojení Marie s Josefem. Proto neměl hříšnou přirozenost.

Každý se rodí s původním hříchem, protože dědí hříšnou přirozenost od svých rodičů. Jinými slovy potom, co Adam zhřešil, předal svou hříšnou přirozenost všem svým potomkům. Hříšnou přirozenost dědí všichni lidé až do dnešního dne a tento hřích se nazývá "původním hříchem." Z tohoto důvodu jsou všichni Adamovi potomci hříšníky a nemohou vykoupit žádného jiného člověka.

A tak Bůh otec naplánoval početí svého Syna Ježíše Duchem svatým v lůně panny Marie. Tímto způsobem se stal Ježíš tělem a přišel na tento svět, ale nebyl Adamovým potomkem.

Za třetí, musí mít moc zvítězit nad ďáblem

Leviticus 25:26-27 nám znovu říká:

Kdyby někdo neměl zastánce, ale byl by potom sám schopen opatřit si potřebné výplatné, sečte léta od doby prodeje, proplatí zbytek tomu, komu prodal, a vrátí se ke svému vlastnictví.

Zkrátka, vykupitel by měl mít moc vykoupit zpět prodanou zemi. Chudý člověk nemůže splatit dluh svého přítele, i když po tom touží. Stejně tak vykupitel musí být bez hříchu, aby byl schopen spasit všechny lidi z jejich hříchů. Nemít žádný hřích je v duchovním světě silou jednoho jediného.

Vykupitel musí mít moc porazit nepřítele ďábla a satana a obnovit Adamovu ztracenou autoritu. Vykupitel totiž nesmí být nositelem původního hříchu ani žádného svého hříchu. Pouze vykupitel bez hříchu může porazit ďábla a osvobodit všechny lidi od ďábla.

Byl Ježíš bez hříchu?

Ježíš nebyl nositelem původního hříchu, protože byl počat z Ducha svatého. Plně se řídil Božími zákony, protože byl vychováván rodiči, kteří se báli Boha. Plnil Boží zákon s láskou. Když uplynulo osm dní od jeho narození, byl obřezán (Lukáš 2:21). Nikdy se nedopustil hříchu a byl výhradně poslušen vůli Boha Otce až do doby, kdy byl ukřižován ve věku 33 let (1 Petrův 2:22-24; Židům 7:26).

Ježíš mohl porazit ďábla a vykoupit všechny lidi, protože byl zcela bez hříchu. Jeho "bezúhonnost" byla dosvědčena mnoha mocnými skutky. Vyháněl démony, uzdravoval jakoukoliv nevyléčitelnou nemoc, navracel slepým zrak, hluchým sluch, chromí vstávali a chodili. Utišil silnou bouři a zastavil divoký vítr, když pohrozil větru a řekl moři: "Zmlkni a utiš se!" (Marek 4:39)

A nakonec, musí mít obětavou lásku

Dokonce i bohatý muž by nevykoupil zemi, pokud by neměl rád člověka, který zemi prodal. Stejně tak vykupitel musí milovat hříšníky do té míry, že je ochoten obětovat sám sebe, aby jednou provždy odstranil všechny problémy hříchu.

V Rút 4:1-6 si byl Bóaz dobře vědom Noeminy chudoby a řekl jejímu nejbližšímu zastánci - vykupiteli, aby pokud chce, vykoupil zemi zpět. Avšak muž odmítl, když řekl Bóazovi: *"Nemohu je vykoupit pro sebe, aniž bych zničil vlastní dědictví. Použij pro sebe mého výkupního práva; já vykoupit nemohu"* (v. 6). Nevykoupil zemi pro Noemi a Rút, třebaže byl dost bohatý na to, aby to udělal. To proto, že neměl obětavou lásku. Nakonec zemi vykoupil Bóaz, další nejbližší zastánce, protože takovou obětavou lásku měl.

Bóaz se stal legálním vykupitelem a oženil se s Rút, protože měl dost lásky na to, aby vykoupil Noeminu zemi. Syn, kterému dali Bóaz a Rút život, byl velikým dědečkem krále Davida a byl zapsán do Ježíšovy rodinné linie.

Ježíš se nechal ukřižovat z lásky. Ježíš byl Slovem, ale stal se tělem a přišel na tuto zemi. Nebyl Adamovým potomkem, protože byl počat z Ducha svatého. Takže se nenarodil s původním hříchem. Měl moc vykoupit všechny lidi z jejich hříchů, protože sám byl bez hříchu.

Nicméně, nemohl by se stát vykupitelem bez duchovní a obětavé lásky, i kdyby měl ostatní tři předpoklady. Musel vzít trest za hříchy, který byli hříšníci odsouzeni přijmout, aby mohl vykoupit všechny lidi z jejich hříchů.

Muselo se s ním zacházet jako s tím nejtěžším a nejnebezpečnějším zločincem a musel být pověšen na těžký dřevěný kříž. Musel být urážen a zesměšňován a musel prolít všechnu krev a vodu svého těla, aby spasil všechny lidi. Musel zaplatit vysokou cenu a učinit velikánskou oběť.

Nikde v lidských dějinách nenajdete příklad, kdy nevinný princ zemřel za své zlé a hloupé lidi. Ježíš je jediným Synem Boha všemohoucího, Král králů, Pán pánů a Vládce všeho stvoření. Tento veliký, vznešený a nevinný Ježíš byl pověšen na kříž a zemřel, když prolil svou krev. Jak nesmírnou lásku k nám měl?

Ve skutečnosti činil Ježíš po celý svůj život jen dobré skutky. Odpouštěl hříšníkům, uzdravoval nejrůznější nemocné lidi, osvobozoval mnoho lidí od démonů, přinášel dobré zprávy o pokoji, radosti a lásce, dával lidem upřímnou naději v nebe a spasení. Především však dal svůj vlastní život za nás, hříšníky.

V Římanům 5:7-8 čteme: *"Sotva kdo je hotov podstoupit smrt za spravedlivého člověka, i když za takového by se snad někdo odvážil nasadit život. Bůh však prokazuje svou lásku k nám tím, že Kristus za nás zemřel, když jsme ještě byli hříšní."* Bůh Otec dal svého jediného Syna Ježíše za nás, kteří nejsme ani spravedliví ani dobří a dopustil, aby byl pověšen na kříž a zemřel na něm. Tímto způsobem dal najevo svou velikou lásku.

Proto se modlím ve jménu našeho Pána, abyste pochopili, že nemůžete být spaseni ve jménu nikoho jiného než Ježíše Krista, abyste mohli přijetím Ježíše Krista získat právo stát se Božími dětmi a vždy se těšit z vítězného života v jistotě spasení!

Kapitola 5

PROČ JE JEŽÍŠ NAŠÍM JEDINÝM SPASITELEM?

- Prozíravost spasení skrze Ježíše Krista
- Proč byl Ježíš pověšen na dřevěný kříž?
- Žádné jiné jméno na světě než jméno "Ježíš Kristus"

Ježíš je ten kámen, který jste vy stavitelé odmítli, ale on se stal kamenem úhelným. V nikom jiném není spásy; není pod nebem jiného jména, zjeveného lidem, jímž bychom mohli být spaseni.

Skutky 4:11-12

Boha budete milovat z celého svého srdce, když si uvědomíte jeho hlubokou a vnímavou prozíravost v oblasti tříbení člověka. Mimo to budete obdivovat jeho lásku a moudrost, když pochopíte prozíravost spasení skrze Ježíše Krista.

Jaká tedy byla prozíravost spasení, které bylo skryto dříve, než začal čas, vykonaného Ježíšem Kristem? Už dříve jsem se zmínil, že spravedlivý Bůh připravil jednoho jediného, který má předpoklady pro vykoupení všech lidí podle duchovního práva a že pod nebem neexistuje nikdo jiný kromě Ježíše, kdo by tyto předpoklady měl.

Ježíš je jediný, kdo byl člověkem, ale ne Adamovým potomkem, protože byl počat z Ducha svatého a přišel na tuto zemi v těle. Kromě toho měl moc a lásku vykoupit všechny lidi. Takže tím, že byl ukřižován, mohl otevřít cestu spasení všem lidským tvorům.

Proto je ve Skutcích 4:12 řečeno: *"V nikom jiném není spásy; není pod nebem jiného jména, zjeveného lidem, jímž bychom mohli být spaseni."* Každému, kdo přijme a uvěří v Ježíše Krista, jsou odpuštěny všechny hříchy a je spasen. Vyjde z temnoty do světla a získá autoritu a požehnání Božího dítěte.

Nyní vysvětlím, proč musíte uvěřit v Ježíše, který byl ukřižován, abyste mohli být spaseni a obdržet autoritu a požehnání Božího dítěte.

Prozíravost spasení skrze Ježíše Krista

Bůh připravil cestu spasení dříve, než začal čas. Kniha Genesis předpověděla Ježíše a tajemství lidského spasení skrze kříž.

V Genesis 3:14-15 čteme:

> *I řekl Hospodin Bůh hadovi: "Protožes to učinil, buď proklet, vyvržen ode všech zvířat a ode vší polní zvěře. Polezeš po břiše, po všechny dny svého života žrát budeš prach. Mezi tebe a ženu položím nepřátelství, i mezi símě tvé a símě její. Ono ti rozdrtí hlavu a ty jemu rozdrtíš patu."*

Jak bylo projednáno výše, v duchovním pojetí znamená "had" nepřítele ďábla a "žraní prachu" symbolizuje nepřítele ďábla vládnoucího člověku, který byl učiněn z prachu země. "Žena" rovněž označuje "Izrael" a "símě ženy" se vztahuje na Ježíše. Slovní spojení "ty [hade] jemu rozdrtíš patu" symbolizuje, že Ježíš bude ukřižován a "ono [símě ženy] ti [hade] rozdrtí hlavu" naznačuje, že Ježíš zničí tábor nepřítele ďábla a satana vzkříšením z mrtvých.

Satan Boží plán nepochopil

Bůh tajně skryl tuto prozíravost spasení, aby se nepřítel ďábel a satan nemohl o tomto moudrém plánu dovědět a chopit se ho.

Nepřítel ďábel a satan se pokoušel zabít potomstvo ženy před tím, než byl poražen. Myslel, že může mít autoritu, která mu byla předána Adamem, který neuposlechl Boha, navěky. Nicméně, nepřítel ďábel a satan nevěděl, kdo je tím potomstvem ženy. A tak se od časů Starého zákona pokoušel zabíjet proroky, které Bůh miloval.

Když se narodil Mojžíš, dal nepřítel ďábel a satan faraónem, králem Egypta, zabít všechny chlapce, kteří se narodili židovským ženám. Když byl Ježíš počat z Ducha svatého a přišel v těle na tuto zem, dal nepřítel ďábel a satan udělat králem Herodem to samé.

Nicméně, Bůh už plán nepřítele satana znal. Ve snu se Josefovi zjevil anděl Páně a pověděl mu, aby s dítětem a jeho matkou odešli do Egypta. Bůh zde nechal rodinu žít, dokud král Herodes nezemřel.

Bůh souhlasil s Ježíšovým ukřižováním

Ježíš vyrostl pod Boží ochranou a začal svou službu ve věku 30ti let. Prošel skrz naskrz celou Galileou, vyučoval v synagogách, uzdravoval všechny druhy chorob a všemožné nemoci mezi lidmi, křísil mrtvé k životu a kázal chudým evangelium (Matouš 4:23, 11:5).

Mezitím nepřítel ďábel a satan kul znovu pikle, aby dal hlavními kněží, učiteli zákona a farizeji zabít Ježíše. Nicméně, jak z Bible víte, zlý člověk se nemohl Ježíše ani dotknout, protože všechny události během jeho života probíhaly v Boží prozíravosti.

Bůh nechal nepřítele ďábla a satana ukřižovat Ježíše až po

třech letech jeho služby. Výsledkem bylo to, že měl Ježíš na sobě trnovou korunu a zemřel na kříži potom, co musel strpět velikou bolest, když byl přibit na kříž skrze nohy a ruce.

Ukřižování je nejkrutější způsob popravy. Nepřítel ďábel byl velmi potěšen potom, co zabil Ježíše tímto krutým způsobem. Satan zpíval radostí z vítězství, protože si myslel, že si udrží vládu nad světem, neboť zde nebude nikdo, kdo by mu to překazil. Avšak zde byla skryta tajná Boží prozíravost.

Nepřítel ďábel a satan přestoupil duchovní zákon

Bůh nepoužívá svou absolutní svrchovanou moc proti právu, protože je spravedlivý. Připravil cestu spasení prostřednictvím duchovního práva dříve, než začal čas, neboť on koná všechno prostřednictvím duchovního práva.

Protože mzdou hříchu je podle duchovního zákona smrt (Římanům 6:23), nikdo bez hříchu nemůže čelit své smrti. Nicméně, nepřítel ďábel a satan ukřižoval Ježíše, který byl bez viny a bez poskvrny (1 Petrův 2:22-23). Tímto činem nepřítel ďábel přestoupil tento duchovní zákon a byl oklamán svou vlastní lstí. Stal se nástrojem lidského spasení, které naplánoval Bůh. Potomstvo ženy mu rozdrtilo hlavu, jak bylo předpovězeno v knize Genesis.

Obecně had může stále klást odpor, i když mu stoupnete na ocas nebo mu odříznete tělo, ale nemůže se bránit, pokud mu pevně chytnete hlavu. Proto verš: *"Mezi tebe a ženu položím nepřátelství, i mezi símě tvé a símě její. Ono ti rozdrtí hlavu a ty jemu rozdrtíš patu"* v duchovním pojetí znamená, že nepřítel satan ztratí svou moc a autoritu kvůli Ježíši Kristu. Had zasahující patu potomstva ženy v duchovním pojetí znamená, že satan ukřižuje Ježíše. Toto bylo naplněno tak, jak to bylo předpovězeno v knize Genesis 3:15.

Spasení skrze Ježíšovo ukřižování

Cesta spasení, která byla Bohem skryta dříve, než začal čas, došla svého naplnění, když byl Ježíš třetího den vzkříšen.

Asi před 6000 lety musel Adam předat svou autoritu získanou od Boha nepříteli ďáblu, protože svou neposlušností přestoupil zákon duchovního světa (Lukáš 4:6). Nicméně, po 4000 letech se musel vydat po cestě zkázy satan, protože přestoupil duchovní zákon.

Proto nepřítel ďábel musel osvobodit ty, kteří přijali Ježíše jako svého Spasitele a uvěřili v jeho jméno. Ti obdrželi právo stát se Božími dětmi. Ukřižoval by nepřítel ďábel Ježíše, pokud by věděl o tomto Božím moudrém plánu? Zcela určitě ne! V 1 Korintským 2:8 je nám připomenuto: *"Tu moudrost nikdo z vládců tohoto věku nepoznal; neboť kdyby ji byli poznali, nebyli by ukřižovali Pána slávy."*

Ti, kdo v dnešní době této skutečnosti nerozumí, se také diví: "Proč nedokázal všemohoucí Bůh ochránit svého Syna před smrtí? Proč ho nechal zemřít na kříži?" Nicméně, pokud jste plně pochopili prozíravost kříže, víte, proč musel být Ježíš ukřižován a jak se stal po svém triumfálním vítězství nad nepřítelem ďáblem Králem králů a Pánem pánů. A tak kdokoliv uvěří v Ježíše jako Spasitele, který zemřel na kříži a třetího dne vstal z mrtvých, aby vykoupil lidi ze všech jejich hříchů, může být prohlášen za spravedlivého a být spasen.

Proč byl Ježíš pověšen na dřevěný kříž?

Proč měl být tedy Ježíš pověšen na dřevěný kříž? Proč to měl být dřevěný kříž? Mezi různými způsoby popravy zemřel Ježíš právě na dřevěném kříži. Podle Galatským 3:13-14 existují tři duchovní důvody, proč byl Ježíš pověšen na dřevěný kříž.

Za prvé, aby nás vykoupil z kletby zákona

V Galatským 3:13 čteme: *"Ale Kristus nás vykoupil z kletby zákona tím, že za nás vzal prokletí na sebe, neboť je psáno: 'Proklet je každý, kdo visí na dřevě.'"* To vysvětluje, že nás Ježíš vykoupil z kletby zákona tím, že byl pověšen na dřevěný kříž.

Všichni lidé byli prokleti a tudíž předurčeni jít cestou smrti kvůli neposlušnosti prvního člověka Adama, jak je psáno v Římanům 6:23: "Mzdou hříchu je smrt." Nicméně, Bůh dal svého Syna Ježíše za lidstvo a dopustil, aby byl pověšen na dřevěný kříž, aby lidstvo vykoupil z kletby zákona (Deuteronomium 21:23).

Mimoto Ježíš prolil svou vzácnou krev na kříži. Všimněte si veršů 11 a 14 z knihy Leviticus 17:

V krvi je život těla. Já jsem vám ji určil na oltář k vykonávání smírčích obřadů za vaše životy. Je to krev;

pro život, který je v ní, se získává smíření (v. 11).

neboť život každého tvora je v jeho krvi, ta ho oživuje.... (v.14).

Autor knihy Leviticus píše, že život je krev, protože každý tvor potřebuje krev, aby mohl žít a bez ní zemře.

Nicméně, když někdo zemře, jeho tělo se obrátí v prach a jeho duše jde buď do nebe nebo do pekla. Abyste získali věčný život, musí vám být odpuštěny všechny vaše hříchy. Aby vám byli odpuštěny hříchy, musí být prolita krev, jak je přikázáno v Židům 9:22: *"Podle zákona se skoro vše očišťuje krví, a bez vylití krve není odpuštění."* Z tohoto důvodu museli lidé v době Starého zákona obětovat krev zvířat, kdykoliv zhřešili. Avšak Ježíš prolil svou vzácnou krev jednou provždy, aby bylo lidem odpuštěno a získali věčný život, protože on sám neměl ani původní hřích, ani se sám hříchu nedopustil.

Stejně tak můžete kvůli Ježíšově vzácné krvi získat věčný život. Ježíš totiž zemřel za vás a otevřel vám tak cestu stát se Božím dítětem.

Za druhé, aby nám dal Abrahamovo požehnání

První polovina verše Galatským 3:14 říká: *"To proto, aby požehnání dané Abrahamovi dostaly v Ježíši Kristu i pohanské národy."* To znamená, že Bůh dává požehnání dané Abrahamovi nejen Izraelitům, ale také všem pohanům, kteří jsou přijetím Ježíše za svého Spasitele prohlášeni za spravedlivé.

Abraham byl nazýván jako "otec víry" a "Boží přítel," a žil požehnán dětmi, zdravím, dlouhým životem, bohatstvím a pod. Důvod, proč bylo Abrahamovi tak hojně požehnáno, je napsán v Genesis 22:15-18:

> *Hospodinův posel zavolal pak z nebe na Abrahama podruhé: "Přisáhl jsem při sobě, je výrok Hospodinův, protože jsi to učinil a neodepřel jsi mi svého jediného syna, jistotně ti požehnám a tvé potomstvo jistotně rozmnožím jako nebeské hvězdy a jako písek na mořském břehu. Tvé potomstvo obdrží bránu svých nepřátel a ve tvém potomstvu dojdou požehnání všechny pronárody země, protože jsi uposlechl mého hlasu."*

Abraham uposlechl, když mu Bůh řekl: *"Odejdi ze své země, ze svého rodiště a z domu svého otce do země, kterou ti ukážu"* (Genesis 12:1). Bez jakékoliv výmluvy nebo stížností rovněž uposlechl, když Bůh řekl: *"Vezmi svého jediného syna Izáka, kterého miluješ, odejdi do země Mórija a tam ho obětuj jako oběť zápalnou na jedné hoře, o níž ti povím"* (Genesis 22:2). To bylo pro Abrahama možné jen proto, že důvěřoval Bohu, který dokázal vzkřísit i mrtvé (Židům 11:19). Mohl být požehnáním a otcem víry, protože měl takovouto pevnou víru.

Proto by Boží děti, které přijmou Ježíše jako svého Spasitele měly mít Abrahamovu víru. Potom budete moci vzdát slávu Bohu tím, že obdržíte všechno požehnání země.

Za třetí, aby nám dal zaslíbeného Ducha

Druhá polovina verše Galatským 3:14 říká: *"Abychom zaslíbeného Ducha přijali skrze víru."* To znamená, že každý, kdo uvěří, že Ježíš zemřel na dřevěném kříži za všechny lidské tvory, je propuštěn z kletby zákona a obdrží příslib Ducha svatého. Kromě toho, kdokoliv přijme Ježíše jako Spasitele, získá autoritu Božího dítěte a Ducha svatého jako dar a ujištění (Jan 1:12; Římanům 8:16).

Když obdržíte Ducha svatého, můžete Boha nazývat "Abba, Otče" (Římanům 8:15), vaše jméno je zapsáno do knihy života v nebi (Lukáš 10:20) a získáte nebeské občanství (Filipským 3:20). To proto, že Duch svatý, který je Božím srdcem a silou, vás vede k věčnému životu a pomáhá vám rozumět Božímu slovu a žít s vírou podle jeho slova.

Nicméně, budete spaseni ne pouze tehdy, když uznáte Ježíše jako svého Spasitele, ale když rovněž ve svém srdci uvěříte, že zlomil autoritu smrti a byl vzkříšen. Římanům 10:9 se zabývá tímto: *"Vyznáš-li svými ústy Ježíše jako Pána a uvěříš-li ve svém srdci, že ho Bůh vzkřísil z mrtvých, budeš spasen."*

Dříve, než začal čas, Bůh předurčil veliký plán, aby ti, kdo uvěří v Ježíše jako svého Spasitele, byli spojeni s Bohem a byli vedeni ke spasení. Tento plán je úžasný a tajemný. Lidské bytosti musely jít kvůli hříchu prvního člověka podle zákona duchovního světa, který prohlašuje, že "Mzdou hříchu je smrt," cestou smrti. Nicméně, mohou být osvobozeny od kletby zákona a spaseny ve víře stejným právem kvůli satanovu porušení zákona duchovního světa.

Lidské bytosti musely být sužovány bolestí, problémy a smrtí, které přinesl nepřítel ďábel, když se staly otroky hříchu kvůli neposlušnosti. Nicméně, kdokoliv přijme Ježíše jako svého Spasitele a obdrží Ducha svatého, může získat spasení, věčný život, vzkříšení a hojné požehnání.

Privilegium a požehnání dané Božím dětem

Komukoliv, kdo otevře své srdce a přijme Ježíše Krista, je odpuštěno, obdrží právo stát se Božím dítětem a těší se pokoji a radosti ve svém srdci. To je možné, protože Ježíš převzal svým ukřižováním jednou provždy všechny naše hříchy. V Žalmu 103:12 je řečeno: *"Jak je vzdálen východ od západu, tak od nás vzdaluje naše nevěrnosti."* V Židům 10:16-18 rovněž čteme: *" 'Toto je smlouva, kterou s nimi uzavřu po oněch dnech,' praví Pán; 'dám své zákony do jejich srdce a vepíšu jim je do mysli; na jejich hříchy a nepravosti už nikdy nevzpomenu.' Tam, kde jsou hříchy odpuštěny, není už třeba přinášet za ně oběti."*

Na tomto světě neexistuje nic, co by si zasloužilo srovnání s právem Božích dětí daným vírou. Právo královských dětí nebo dětí prezidenta má na tomto světě velkou moc. Jak mocné je potom právo dětí Boha Stvořitele, který vládne nad světem a ovládá lidské dějiny a vesmír?

Bůh nepovažuje za opravdovou víru, když pouze prohlásíte: "Ježíš je Spasitel." Měli byste chápat, kdo Ježíš Kristus je, proč je pro vás jediným Spasitelem a na základě tohoto poznání mít opravdovou víru. Potom si, s touto opravdovou vírou, dokážete uvědomit Boží prozíravost skrytou za křížem a přiznáte: "Pán je Kristus a Syn Boha živého." Mimoto můžete žít podle Boží vůle. Bez této opravdové víry pro vás bude obtížné mít víru pocházející ze srdce a žít podle Božího slova. Proto nám v Matoušovi 7:21 Ježíš řekl: *"Ne každý, kdo mi říká 'Pane, Pane,' vejde do království nebeského; ale ten, kdo činí vůli mého Otce v nebesích."* Ježíš tak jednoznačně prohlásil, že pouze lidé, kteří říkají Ježíši "Pane, Pane" a žijí podle Boží vůle a Božího slova, budou spaseni.

Žádné jiné jméno na světě než jméno "Ježíš Kristus"

Skutky 4 líčí scénu, ve které Petr a Jan před Sanhedrinem odvážně svědčí o jménu Ježíše Krista. Upřímně věřili, že neexistuje žádné jiné jméno než "Ježíš Kristus," skrze něhož může člověk dosáhnout spasení a Petr, který byl naplněn Duchem svatým, byl zmocněn prohlásit toto: *"V nikom jiném není spásy; není pod nebem jiného jména, zjeveného lidem, jímž bychom mohli být spaseni"* (Skutky 4:12).

Jaké duchovní důsledky s sebou nese jméno "Ježíš Kristus"? A proč nám Bůh nedal žádné jiné jméno než Ježíš Kristus, kterým bychom mohli dosáhnout spasení?

Rozdíl mezi jmény "Ježíš" a "Ježíš Kristus"

Skutky 16:31 nám říkají: *"Věř v Pána Ježíše, a budeš*

spasen ty i všichni, kdo jsou v tvém domě. " Existuje zde významný důvod, proč je zde napsáno "Pána Ježíše," ne pouze "Ježíše."

Slovo "Ježíš" zde odkazuje na muže, který spasí svůj lid z jeho hříchů. "Kristus" je řecké slovo, které v hebrejštině znamená "Mesiáš." Jde o toho, "kterého jsi posvětil (Skutky 4:27)" a vztahuje se na Spasitele, který je prostředníkem mezi Bohem a lidmi. "Ježíš" je totiž jméno budoucího Spasitele, ale "Kristus" je jméno Spasitele, který už lidi spasil.

V dobách Starého zákona Bůh pomazal osobu, která měla být králem, knězem nebo prorokem vylitím oleje na hlavu toho, kdo měl být pomazán (Leviticus 4:3; 1 Samuel 10:1; 1 Královská 19:16). Olej symbolizuje Ducha svatého. Proto pomazat někoho znamená dát osobě vybrané Bohem Ducha svatého.

Ježíš byl pomazán jako Král, nejvyšší Kněz a Prorok a přišel v těle na tento svět spasit všechny lidské bytosti podle Boží prozíravosti, která byla předurčena dříve, než začal čas. Byl ukřižován, aby nás vykoupil a vzkříšením třetího dne se stal naším Spasitelem. Proto je Spasitelem, který dokončil Boží prozíravý plán spasení. A sice, on je Kristus.

Před jeho ukřižováním o něm mluvíme pouze jako o "Ježíši." Nicméně, po ukřižování a vzkříšení je oslovován jako "Ježíš Kristus," "Pán Ježíš" nebo "Pán."

Vězte, že zde existuje veliký rozdíl v moci mezi "Ježíšem" a "Ježíšem Kristem." Ježíš je jméno, kterým byl nazýván předtím, než naplnil prozíravost spasení a nepřítel ďábel se tohoto jména tolik nebojí. Jméno "Ježíš Kristus," nicméně, znamená následující tři věci: krev, která nás vykoupila z našich hříchů; vzkříšení, které zlomilo autoritu smrti a život, který je věčný. Před tímto jménem se nepřítel ďábel třese strachy.

Mnoho lidí opomíjí tento fakt, protože nerozumí tomuto rozdílu. Nicméně, je pravda, že Boží skutky a odpovědi budou rozdílné podle toho, jakým jménem se jich dovoláváte (Skutky 3:6).

Když se budete modlit k Bohu ve jménu našeho Pána Ježíše Krista a budete mít tento fakt na paměti, budete vést vítězný život naplněný okamžitými a hojnými odpověďmi od vašeho všemohoucího Boha.

Ježíšova naprostá poslušnost

I když byl Ježíš ve své samotné podstatě Bohem, nepokládal rovnost s Bohem za něco, čeho by se chopil nebo na tom lpěl jako na svém právu Boha. Učinil ze sebe nic; vzal na sebe pokorné postavení otroka a vyšel v podobě lidské bytosti.

Dobrý služebník nemá svou vlastní vůli. Namísto podle své vlastní vůle pracuje podle vůle svého pána. Povinností služebníka je řídit se vůlí svého pána, ať je nebo není v souladu s jeho vlastní vůlí nebo pocity. Ježíš se srdcem dobrého služebníka se řídil Boží vůlí, a tak mohl dokončit své poslání za lidské spasení.

Bůh vyvýšil Ježíše, který se řídil Boží vůlí říkajíce "Ano" a "Amen," na nejvyšší místo a nechává mnoho lidí vyznávat, že on je Pán.

Proto ho Bůh vyvýšil nade vše a dal mu jméno nad každé jméno, aby se před jménem Ježíšovým sklonilo

každé koleno - na nebi, na zemi i pod zemí - a k slávě
Boha Otce každý jazyk aby vyznával: Ježíš Kristus jest
Pán (Filipským 2:9-11).

Jméno "Pán Ježíš" dosvědčuje Boží moc

V Janovi 1:3 se říká: *"Všechno povstalo skrze něj a bez něho*
nepovstalo nic, co jest." Protože byly všechny věci na světě
stvořeny skrze Ježíše, má Ježíš autoritu vládnout nad všemi věcmi
jako Stvořitel. Když Ježíš, Syn Boha Stvořitele, nařídil neživým
věcem jako jsou silná bouře a vlny, poslechly ho a utišily se a
fíkovník uschnul neprodleně potom, co ho proklel.

Ježíš měl autoritu odpouštět hříchy a zachraňovat hříšníky od
potrestání jejich hříchů. Tak řekl Ježíš ochrnutému v Matoušovi
9:2: *"Buď dobré mysli, synu, odpouštějí se ti hříchy"* a ve verši
6 řekl: *"'Abyste však věděli, že Syn člověka má moc na zemi*
odpouštět hříchy' - tu řekne ochrnutému: 'Vstaň, vezmi své
lože a jdi domů!'"

Kromě toho měl Ježíš moc uzdravovat všechny druhy nemocí
a handicapů a oživovat mrtvé. Jan 11 popisuje scénu, ve které
mrtvý muž Lazar vyšel z hrobu s rukama a nohama ovázanýma
plátnem, když Ježíš zvolal mocným hlasem: "Lazare, pojď ven."
Byl již čtyři dny po smrti a byl tam nepříjemný zápach, ale on
vyšel z hrobu jako zdravý muž.

Podobně vám Ježíš dá cokoliv, o co s vírou požádáte, protože
má úžasnou Boží moc.

Ježíš Kristus, Boží láska

Jak se říká v 1 Janově 4:10: *"V tom je láska: ne že my jsme si zamilovali Boha, ale že on si zamiloval nás a poslal svého Syna jako oběť smíření za naše hříchy,"* Bůh tak ukázal svou úžasnou lásku k nám. Poslal svého jediného Syna jako oběť usmíření, když jsme ještě byli hříšníky. Bůh musel snést velikou bolest a otevřel cestu lidského spasení, když byl jeho Syn Ježíš přibit na kříž a prolil svou krev. Jak se Bůh lásky cítil, když viděl svého jediného Syna Ježíše ukřižovaného? Bůh nemohl sedět na svém trůně a dívat se. Matouš 27:51-54 nám říká, jak moc Bůh trpěl, když byl Ježíš ukřižován.

A hle, chrámová opona se roztrhla v půli odshora až dolů, země se zatřásla, skály pukaly, hroby se otevřely a mnohá těla zesnulých svatých byla vzkříšena; vyšli z hrobů a po jeho vzkříšení vstoupili do svatého města a mnohým se zjevili. Setník a ti, kdo s ním střežili Ježíše, když viděli zemětřesení a všechno, co se dálo, velmi se zděsili a řekli: "On byl opravdu Boží Syn!"

To jasně ukazuje, že Ježíš byl ukřižován ne kvůli svým vlastním hříchům, ale kvůli veliké Boží lásce, která chtěla přivést všechny lidi na cestu spasení. Nicméně, velmi mnoho lidí nepřijímá nebo nerozumí této úžasné Boží lásce.

Po Adamově neposlušnosti nemohly být lidské bytosti s Bohem a staly se lidmi s hříšnou povahou. Nicméně, Ježíš přišel na tuto zemi a stal se prostředníkem mezi Bohem a námi, aby mohl dát všem lidem Immanuelovo požehnání (Matouš 1:23). Skrze Ježíšovu bolest a utrpení na kříži získáváme skutečný pokoj a klid.

Proto doufám, že chápete velikou lásku Boha, který nám dal svého jediného Syna jako výkupné, aby nás spasil z našich hříchů a věčné smrti a že chápete obětavou lásku našeho Pána, který ačkoliv byl bez viny, byl za nás ukřižován a otevřel tak cestu spasení.

Kapitola 6

PROZÍRAVOST KŘÍŽE

- Narozen v chlévě a položen do jeslí
- Ježíšův život v chudobě
- Bičování a prolití krve
- Nesení trnové koruny
- Ježíšovy šaty a spodní oděv
- Přibit na kříž skrze nohy a ruce
- Ježíšovy nohy nebyly zlámány,
  ale jeho bok byl probodnut

Byly to však naše nemoci, jež nesl, naše bolesti na sebe vzal, ale domnívali jsme se, že je raněn, ubit od Boha a pokořen. Jenže on byl proklán pro naši nevěrnost, zmučen pro naši nepravost. Trestání snášel pro náš pokoj, jeho jizvami jsme uzdraveni. Všichni jsme bloudili jako ovce, každý z nás se dal svou cestou, jej však Hospodin postihl pro nepravost nás všech.

Izajáš 53:4-6

V Božím plánu pro získání skutečných dětí je nejdůležitější částí to, že Ježíš přišel na tento svět v těle, byl sužován všemi druhy utrpení a zemřel na kříži. Skrze toto vše dosáhl cesty spasení lidských bytostí.

Boží prozíravost kříže má hluboký duchovní význam. Ježíš, jediný Boží Syn, opustil nebeskou slávu, narodil se v chlévě a žil po celý svůj život v chudobě.

Navíc byl bičován a přibit na kříž skrze nohy a ruce, korunován trnovou korunou a prolil všechnu svou krev i vodu, když mu byl kopím probodnut bok. Každé utrpení, které Ježíš zažil, obsahuje ohromnou Boží lásku.

Pokud plně porozumíte duchovnímu významu kříže a Ježíšova utrpení, vaše srdce bude jistě pohnuto Boží láskou a vy získáte opravdovou víru. Můžete rovněž získat odpovědi na všechny problémy ve svém životě jako jsou chudoba a nemoci stejně jako věčné nebeské království.

Narozen v chlévě a položen do jeslí

Ježíš, ve své samotné podstatě Bůh, byl pánem všech věcí na nebi a na zemi a bytostí, které náležela největší sláva. Nicméně, přišel na tento svět v těle, aby vykoupil lidské bytosti z hříchu a přivedl je ke spasení.

Ježíš je jediným Synem všemohoucího Boha Stvořitele. Proč se tedy nenarodil v luxusním paláci nebo alespoň v útulném pokoji? Nemohl ho Bůh nechat narodit na nádherném místě? Proč nechal Ježíše narodit v chlévě a položit do jeslí? V tom je právě skryt hluboký duchovní význam. Vězte, že Ježíš se narodil nadpřirozeně tím nejúžasnějším způsobem. Třebaže to lidé nemohli svýma očima vidět, Bůh měl takovou radost z Ježíšova narození, že obklopil děťátko světly slávy v přítomnosti veliké společnosti nebeské armády a andělů. Dojem z jeho vzrušení můžete pocítit z Lukáše 2:14, kde je zaznamenáno následující: *"Sláva na výsosti Bohu a na zemi pokoj mezi lidmi; Bůh v nich má zalíbení."* Bůh rovněž připravil dobré pastýře a mudrce z Východu a vedl je k uctění děťátka Ježíše.

Konaly se chvály a uctívání, protože Ježíš svým příchodem na tento svět otevře cestu spasení, veliké množství lidí vstoupí do věčného nebe jako Boží děti a Boží Syn Ježíš bude Králem králů a Pánem pánů.

Boží prozíravost skrytá za Ježíšovým narozením

Když se Ježíš narodil, vydal císař Augustus výnos, že se bude konat sčítání lidu celé Římské říše. Židé byli pod koloniální nadvládou Říma a vraceli se do svých rodných měst zaregistrovat, čímž dbali nařízení císaře.

Také Josef se vydal se svou snoubenkou Marií z města Nazareta v Galileji do Betléma, města Davidova, protože patřil do domu a rodu Davidova. Marie byla zaslíbena Josefovi a počala dítě z Ducha svatého ještě předtím, než sem přišli. Prvorozenému Ježíšovi dala život během jejich pobytu zde.

Název "Betlém" znamená "Dům chleba" a bylo rodným městem krále Davida (1 Samuelova 16:1). Micheáš 5:1 píše o městě Betlému následující: *"A ty, Betléme efratský, ačkoli jsi nejmenší mezi judskými rody, z tebe mi vzejde ten, jenž bude vládcem v Izraeli, jehož původ je odpradávna, ode dnů věčných."* Betlém byl předpovězen jako rodiště Mesiáše.

V té době zde nebyl pro Marii a Josefa v žádném zájezdním hostinci volný pokoj, protože se v Betlémě byly tisíce lidí zaregistrovat. Marie tedy porodila dítě v chlévě. Zavinula jej do plenek a položila do jeslí, dlouhé nádoby používané ke krmení krav či koní.

Proč se tedy Ježíš, který přišel jako Spasitel lidí, narodil tak prostým a ponižujícím způsobem?

Vykoupit lidi podobné zvířatům

V Kazateli 3:18 čteme: *"Řekl jsem si v srdci: 'To se stane kvůli synům lidským, aby je Bůh tříbil, aby nahlédli, že je to s nimi jako se zvířaty.'"* Lidé, kteří ztratili Boží obraz, jsou z Božího pohledu jako zvířata. První člověk Adam byl původně živým tvorem stvořeným podle Božího obrazu. Byl rovněž duchovním člověkem, protože ho Bůh vyučoval pouze slova pravdy.

Nicméně, Adam jedl ovoce ze stromu poznání dobrého a zlého proti Božímu příkazu, takže jeho duch zemřel a on již déle nemohl s Bohem komunikovat. Navíc již nadále nebyl pánem všeho stvoření. Satan navedl Adama k tomu, aby následoval svou hříšnou povahu a jeho čisté a pravdivé srdce změnil na nečisté a nepravdivé srdce.

Ve svém každodenním životě možná občas slyšíte výraz: "On není lepší než zvíře." Často slyšíte o lidech, kteří nejsou lepší než zvířata, prostřednictvím médií. Pro svůj vlastní prospěch snadno oklamou a podvedou své sousedy, zákazníky, přátele a rodinné příslušníky. Rodiče a děti se vzájemně nenávidí a občas se zdá, že jsou připraveni jeden druhého zabít.

Lidé se odvažují dělat takovéto zlé věci, protože duše se od smrti ducha stala pánem člověka a oni kvůli svým hříchům ztratili Boží obraz. Podobni zvířatům, která jsou vytvořena pouze z duše a těla, takoví lidé nemohou vstoupit do nebe ani Boha nazývat Abba Otče. Ježíš se narodil v chlévě, aby vykoupil lidské bytosti, které nejsou lepší než zvířata.

Ježíš je skutečným duchovním pokrmem

Ježíš byl položen do jeslí, nádoby používané ke krmení koní, aby byl skutečným duchovním pokrmem pro lidské bytosti, které nejsou lepší než zvířata (Jan 6:51).

Jinými slovy, byla to Boží prozřetelnost vést člověka k úplnému spasení tak, že je mu umožněno znovu nabýt ztraceného Božího obrazu a konat veškerou povinnost člověka. Co je tedy veškerou povinností člověka? Kazatel 12:13-14 na to nahlíží takto:

Závěr všeho, co jsi slyšel: Boha se boj a jeho přikázání zachovávej; na tom u člověka všechno závisí. Veškeré dílo Bůh postaví před soud, i vše, co je utajeno, ať dobré či zlé.

Co znamená "bát se Boha"? Přísloví 8:13 nám říká: *"Bázeň před Hospodinem znamená nenávidět zlo."* Proto bát se Boha znamená už nikdy nepřijmout zlo a současně odhodit veškerou špatnost z hloubi svého srdce.

Pokud se opravdu bojíte Boha, měli byste udělat všechno proto, abyste odložili všechnu špatnost, bojovali proti hříchu a zavrhli jej až do prolití své krve. Jako studenti, kteří houževnatě studují, aby si zajistili lepší budoucnost, byste měli udělat vše, co je ve vašich silách, abyste se báli Boha a konali veškerou povinnost člověka. Tak se budete těšit z Boží lásky a požehnání.

V Bibli můžete najít Boží přikázání daná jeho dětem jako "dělej toto; nedělej tamto; dodržuj toto; a odlož tamto." Na jednu stranu nám Bůh říká, že to co by Boží děti měly dělat je "modlit se, milovat, vzdávat díky a mnoho dalšího." Na druhou stranu nám Bůh přikazuje nedělat věci, které vedou ke smrti jako jsou nenávist, cizoložství a opilost.

Také nám říká, abychom zachovávali určitá přikázání jako "Pamatuj na den odpočinku, že ti má být svatý," "Dodržuj své sliby," a podobně. Bůh nás rovněž nabádá odložit cokoliv škodlivého, přičemž říká "Vyhněte se jakékoliv špatnosti," "Odhoďte svou chamtivost," a tak dále.

Veškerou povinností člověka je bát se Boha a dodržovat jeho přikázání. Bohu se v den soudu budeme zodpovídat za všechny naše skutky, každou skrytou věc ať už dobrou nebo špatnou. A tak, pokud žijete jako zvířata bez toho, abyste konali veškerou povinnost člověka, přirozeně půjdete podle Božího soudu do pekla.

Stejně tak se Ježíš narodil v chlévě a byl položen do jeslí, aby vykoupil lidi, kteří nejsou lepší než zvířata a stal se pro ně skutečným duchovním pokrmem.

Ježíšův život v chudobě

Jan 3:35 říká: *"Otec miluje Syna a všecku moc dal do jeho rukou."* V Koloským 1:16 čteme: *"Neboť v něm bylo stvořeno všechno na nebi i na zemi - svět viditelný i neviditelný; jak nebeské trůny, tak i panstva, vlády a mocnosti - a všechno je stvořeno skrze něho a pro něho."* Jinými slovy, Ježíš je jediným Synem Boha Stvořitele a Pánem všech věcí na nebi a na zemi.

Proč tedy přišel na tento svět ve velmi prostém a ponižujícím stavu a žil v chudobě, ačkoli byl ve své samotné podstatě všemohoucí Bůh a v každém ohledu bohatý?

Vykoupit lidi z chudoby

V 2 Korintským 8:9 čteme: *"Znáte přece štědrost našeho Pána Ježíše Krista: byl bohatý, ale pro vás se stal chudým, abyste vy jeho chudobou zbohatli."* V tomto se projevuje prozíravost úžasné Boží lásky. Ježíš, ačkoliv byl Král králů, Pán pánů a jediný Syn Boha Stvořitele, opustil všechnu nebeskou slávu, přišel na tento svět a žil v chudobě, přičemž snášel pohrdání a špatné zacházení od lidí, aby je vykoupil z chudoby.

Na počátku Bůh stvořil člověka k tomu, aby bral a jedl ovoce bez jakékoliv námahy a těšil se z bohatého života bez těžké dřiny. Nicméně, potom co první člověk Adam neuposlechl Boží slovo a zkazil se, mohl člověk získávat své jídlo pouze velkou dřinou a v potu své tváře. Kvůli tomu člověk často žije v nouzi a chudobě.

Chudoba sama o sobě není hříchem, takže Ježíš neprolil svou krev, aby nás vykoupil z chudoby. Avšak chudoba je prokletí, které se projevilo po Adamově neposlušnosti Boha, a tak vás Ježíš učinil bohatými tím, že žil v chudobě.

Někdo říká, že Ježíšova celoživotní chudoba znamená duchovní chudobu. Nicméně, protože byl Ježíš počat z Ducha svatého a je jedno s Bohem Otcem, není správné myslet si, že byl duchovně chudý.

Mějte na paměti skutečnost, že Ježíš žil v chudobě, aby vás z chudoby vykoupil a vy můžete vést život v hojnosti s díkuvzdáním za Boží lásku a milost.

Někdo říká, že není správné v modlitbě žádat o peníze. Jiní si myslí, že když jste křesťané, měli byste žít v chudobě. Avšak to rozhodně není Boží vůle.

V Bibli můžete číst mnoho slov o požehnání. Například v Deuteronomiu 28:2-6 čteme toto:

A spočinou na tobě všechna tato požehnání, když budeš poslouchat Hospodina, svého Boha: Požehnaný budeš ve městě a požehnaný budeš na poli. Požehnaný bude plod tvého života i plodiny tvé role, plod tvého dobytka, vrh tvého skotu a přírůstek tvého bravu. Požehnaný bude tvůj koš a tvá díže. Požehnaný budeš při svém vcházení a požehnaný při svém vycházení.

3 Janův 1:2 nás nabádá: *"Modlím se za tebe, milovaný, aby se ti ve všem dobře dařilo a abys byl zdráv - tak jako se dobře daří tvé duši."* Ve skutečnosti Bohem vyvolení muži jako Abraham, Izák, Jákob, Josef a Daniel žili všichni velmi úspěšnými životy.

Vést bohatý život

Ve své spravedlnosti vás Bůh nechá sklidit, co zasejete. Jako rodiče chtějí dát svým dětem pouze dobré věci, váš milující Bůh vám chce dát cokoliv, o co ve víře požádáte (Marek 11:24).

Bůh vám chce dát odpovědi a požehnání, ale nemůžete nic dostat, pokud o nic nežádáte nebo když žádáte bez jakékoliv soudnosti. A tak, pokud zkoušíte sklidit něco, aniž byste cokoliv zaseli, vysmíváte se Bohu a jdete proti duchovnímu právu.

Někdo může říci: "Já chci zasít, ale nemůžu, protože jsem tak chudý." Nicméně, v Bibli můžete najít mnoho lidí, kteří byli velmi chudí, ale dělali vše, co bylo v jejich silách, aby zaseli a bylo jim za odměnu bohatě požehnáno.

V 1 Královské 17 zjišťujeme, že byl v zemi tři a půl roku hladomor. Zatímco zde stále trval hladomor, udělala vdova ze Sarepty pro proroka Elijáše malý chléb z hrstky mouky ze džbánu a trochy oleje v láhvi, což bylo vše, co měla. Bůh byl velmi potěšen z její služby jeho služebníkovi a hojně jí požehnal:

mouka ve džbánu neubyla a olej v láhvi nedošel až do dne, kdy dal Hospodin zemi déšť (1 Královská 17:14).

V jedné události za Ježíšových dob věnovala chudá vdova do chrámové pokladnice dvě velmi drobné mince v hodnotě jednoho čtyráku. Nicméně, Ježíš ji pochválil, když řekl, že tato chudá vdova dala více než všichni ostatní. To proto, že ona dala ze svého nedostatku a dala všechno, co měla - z čeho měla být živa, zatímco všichni ostatní dali část ze svého majetku (Marek 12:42-44).

Nejdůležitější věc je váš postoj dát všechno Bohu. Bůh se nedívá na množství toho, co mu dáváte, ale cítí příjemné aroma lásky a víry obsažené v darech a hojně vám požehná.

Bičování a prolití krve

Před ukřižováním se římští vojáci Ježíši vysmívali a tupili jej. Uhazovali jej do tváře, plivali na něj a tak dále. Také Ježíše zmrskali bičem, dlouhým koženým řemenem zakončeným řetízky s háčky.

V těch dobách patřili římští vojáci mezi nejzdatnější, nejdisciplinovanější a nejsilnější ozbrojence na světě. Jak krutá musela být bolest, když mu svlékli šaty a bičovali jej? Když mrskali jeho tělo bičem, trhalo se z něj živé maso, odhalovaly se mu kosti a stříkala z něj krev.

Aby se naplnilo Izajášovo proroctví: *"Nastavuji záda těm, kteří mě bijí, a své líce těm, kdo rvou mé vousy, neukrývám svou tvář před potupami a popliváním"* (Izajáš 50:6), Ježíš se nikdy nepokusil žádnému bití vyhnout.

Uzdravit nemoci a choroby

Proč byl tedy Ježíš zpráskán bičem a proč prolil svou krev? Proč Bůh dopustil, aby se toto stalo jeho Synovi? Izajáš 53 vysvětluje důvod Ježíšova utrpení a strádání.

Jenže on byl proklán pro naši nevěrnost, zmučen pro naši nepravost. Trestání snášel pro náš pokoj, jeho jizvami jsme uzdraveni. Všichni jsme bloudili jako ovce, každý z nás se dal svou cestou, jej však Hospodin postihl pro nepravost nás všech (Izajáš 53:5-6).

Ježíš byl probodnut a rozdrcen pro vaše přestoupení a nepravosti. Byl trestán, bičován a krvácel, aby vám přinesl pokoj a osvobodil vás od všech nemocí.

V Matoušovi 9, kdy Ježíš uzdravil ochrnutého ležícího na lůžku, nejprve vyřešil jeho problém s hříchem, když řekl: "Odpouštějí se ti hříchy." Až potom mu Ježíš pověděl: "Vstaň, vezmi své lože a jdi domů!"

V Janovi 5, potom co Ježíš uzdravil jednoho člověka, který byl tělesně postižený již třicet osm let, mu řekl: *"Hle, jsi zdráv. Už nehřeš, aby tě nepotkalo něco horšího"* (Jan 5:14).

Bible vám říká, že nemoci na vás přicházejí kvůli vašim hříchům. Takže abyste byli osvobozeni od nemocí, potřebujete někoho, kdo dokáže vyřešit váš problém s hříchy. Nicméně, bez prolití krve nemůže být žádného odpuštění (Leviticus 17:11).

To je důvod, proč ve starozákonní době, když někdo spáchal hřích, kněz porazil zvíře jako oběť usmíření. Nicméně potom, co Ježíš přišel na tento svět v těle a prolil svou nevinnou, mocnou krev bez jediné poskvrny, už déle nemusíte zabíjet zvířata. Svatá Ježíšova krev odčinila všechny hříchy lidských bytostí spáchané v minulosti, přítomnosti a dokonce i v budoucnosti.

Převzít naše slabosti a nemoci

V Matoušovi 8:17 čteme: *"Aby se naplnilo, co je řečeno ústy proroka Izaiáše: 'On slabosti naše na sebe vzal a nemoci nesl.'"* A tak, pokud víte, proč byl Ježíš zbičován a prolil svou krev a věříte tomu, nemusíte trpět slabostmi a nemocemi.

V 1 Petrově 2:24 čteme: *"On 'na svém těle vzal naše hříchy' na kříž, abychom zemřeli hříchům a byli živi spravedlnosti."* Minulý čas se v tomto verši používá proto, že Ježíš už vykoupil všechny hříchy lidských bytostí.

Proč někteří z nás, navzdory tvrzení, že věří skutečnosti, že Ježíš vzal na sebe naše slabosti a nemoci tím, že byl bičován a krvácel, stále trpí nemocemi?

V Exodu 15:26 Bůh říká: *"Jestliže opravdu budeš poslouchat Hospodina, svého Boha, dělat, co je v jeho očích správné, naslouchat jeho přikázáním a dbát na všechna jeho nařízení, nepostihnu tě žádnou nemocí, kterou jsem postihl Egypt. Neboť já jsem Hospodin, já tě uzdravuji."* To znamená, že pokud děláte, co je v Božích očích správné, žádná nemoc vás nepostihne, protože vás před ní ochrání Bůh s očima planoucíma ohněm.

Uveďme si příklad. Když přijde plačící dítě domů potom, co ho zbilo sousedovo dítě, reakce a postoj rodičů k tomuto incidentu se může v závislosti na jejich víře velmi lišit.

Jeden z nich může dítě učit toto: "Proč se vždycky necháš zbít? Když tě někdo jednou uhodí, měl bys mu to raději dvakrát nebo třikrát vrátit." Druhý rodič může navštívit rodiče dítěte, které zbilo jeho dítě a stěžovat si jim. Jiní rodiče to neřeší ani jedním ani druhým způsobem, ale mohou být ve svém srdci velmi nahněvaní nebo rozhořčení.

Nicméně, Bůh vám říká, abyste přemáhali zlo dobrem, milovali i své nepřátele a usilovali s každým o smíření: *"Já však vám pravím, abyste se zlým nejednali jako on s vámi; ale kdo tě uhodí do pravé tváře, nastav mu i druhou"* (Matouš 5:39).

Proto, pokud děláte, co je v Božích očích správné, není pro vás obtížné dodržovat Boží přikázání a nařízení. Když neustáváte v modlitbách a neustále činíte vše, co je ve vašich silách, přichází na vás Boží milost a moc a můžete s pomocí Ducha svatého cokoliv snadno udělat.

Jestliže odhodíte hříchy a děláte, co je v Božích očích správné, nemohou na vás přijít nemoci. I když na vás nemoci přijdou, Bůh Uzdravovatel vám hříchy odpustí a zcela vás uzdraví, pokud se pokoušíte zjistit, co je v Božích očích špatné a kajete se z toho z celého svého srdce.

Třebaže svými ústy vyznáváte, že Bůh je všemohoucí, pokud spoléháte na svět nebo jdete do nemocnice, když čelíte nějakému problému nebo onemocnění, Bůh s vámi není spokojen, protože to dokazuje, že doopravdy ve všemohoucího Boha nevěříte (2 Paralipomenon 16).

Nesení trnové koruny

Koruna je ve skutečnosti pro krále v královském šatu. Ačkoliv byl Ježíš jediným Božím Synem, Králem králů a Pánem pánů, nosil místo překrásné koruny ze zlata, stříbra a drahokamů korunu tvořenou dlouhými a tvrdými trny.

Vladařovi vojáci dovedli Ježíše do místodržitelství a svolali na něj celou setninu. Svlékli ho a oblékli mu nachový plášť, upletli korunu z trní a posadili mu ji na hlavu, do pravé ruky mu dali hůl, klekali před ním a posmívali se mu: "Buď zdráv, židovský králi!" Plivali na něj, brali tu hůl a bili ho po hlavě. (Matouš 27:29-30)

Římští vojáci spletli dohromady trní, aby vytvořili pro Ježíše poněkud malou korunu a posadili mu ji pevně na hlavu. Trní mu probodlo hlavu a čelo a z tváře mu stékala krev. Proč všemohoucí Bůh dopustil, aby jeho jediný Syn nesl trnovou korunu, trpěl mučivou bolestí a proléval svou krev?

Za prvé, Ježíš nesl trnovou korunu, aby nás vykoupil z hříchů, které jsme spáchali ve svých myšlenkách.

Když člověk, stvořený Bohem, s Bohem komunikoval a řídil se jeho slovy, nedopustil se hříchu, protože vždy přemýšlel v souladu s Boží vůlí a poslouchal Boha.

Nicméně, jakmile byl sveden hadem a přijal myšlenku od

satana, brzy spáchal hřích. Nikdy předtím nemyslel na to, že by jedl ovoce ze stromu poznání dobrého a zlého. Nicméně potom, co byl sveden, ho jedl, protože se zdálo být dobré k jídlu, lákavé pro oko a rovněž žádoucí pro získání moudrosti.

Stejně tak satan, který dovedl prvního člověka Adama a jeho ženu Evu k neuposlechnutí Boha, pracuje nyní na tom, aby svedl ke spáchání hříchů v myšlenkách vás.

V lidském mozku existují buňky zodpovědné za paměť. Už od narození se všechno, co jste uviděli, uslyšeli a naučili se, uložilo do paměťových buněk spolu s vašimi vlastními pocity vztahujícími se ke konkrétním událostem, jednotlivcům a informacím. Nazýváme to "poznáním." To, co nazýváme "myšlenkou," je proces reprodukce tohoto uloženého poznání skrze činnost vaší duše.

Lidé vyrostli v různých prostředích. To, co viděli, slyšeli a naučili se, se vzájemně liší a to, co se uložilo do jejich mozků, je rovněž odlišné. I kdyby to, co viděli, slyšeli a naučili se, bylo stejné, každý člověk má v konkrétní chvíli své vlastní pocity, a tak je nevyhnutelné, že mají lidé různé hodnoty.

Boží slovo není často v souladu s naším vlastním poznáním a teorií. Například si můžete myslet, že pokud chcete být povýšeni, měli byste udělat všechny možné kroky, abyste nad ostatními vyhráli. Nicméně, Bůh vás učí, že každý, kdo se ponižuje, bude povýšen (Matouš 23:12).

Většina lidí myslí, že je naprosto přirozené nenávidět své nepřátele, ale Bůh vám říká: "Milujte své nepřátele" a "Jestliže má tvůj nepřítel hlad, nasyť ho; má-li žízeň, dej mu pít."

Boží myšlenky jsou duchovní, ale myšlenky člověka jsou

tělesné. Satan vám dává tělesné myšlenky, aby vás svedl k tomu vyhnout se Bohu, rozptyluje vás od dosažení opravdové víry a žene vás k tomu, abyste následovali světské cesty, nakonec vedoucí ke hřešení a věčné smrti.

V Matoušovi 16:21 a následných verších Ježíš svým učedníkům vysvětloval, že bude mnoho trpět, zabit na kříži a třetího dne vzkříšen k životu. Když to Petr slyšel, vzal Ježíše stranou a začal ho kárat: *"Buď toho uchráněn, Pane, to se ti nemůže stát"* (v. 22). Nicméně, Ježíš se obrátil a řekl Petrovi rozlíceně: *"Jdi mi z cesty, satane! Jsi mi kamenem úrazu, protože tvé smýšlení není z Boha, ale z člověka!"* (v. 23). Když Ježíš řekl rozlíceně: *"Jdi mi z cesty, satane,"* nemyslel tím, že Petr je satan, ale to, že v Petrových myšlenkách působil sám satan, aby překážel Bohu v práci.

A to proto, že Ježíš musel nést kříž pro spasení lidstva v souladu s Boží vůlí, ale Petr se pokusil mu zabránit v uskutečňování Boží vůle svými tělesnými myšlenkami.

Apoštol Pavel píše ve 2 Korintským 10:3-6 následující:

> *Jsme ovšem jenom lidé, ale svůj zápas nevedeme po lidsku. Zbraně našeho boje nejsou světské, nýbrž mají od Boha sílu bořit hradby. Jimi boříme lidské výmysly a všecko, co se v pýše pozvedá proti poznání Boha. Uvádíme do poddanství každou mysl, aby byla poslušna Krista, a jsme připraveni potrestat každou neposlušnost, dokud vaše poslušnost nebude úplná.*

Zničte své vlastní argumenty a úvahy, které jsou postaveny a často působí proti Božímu království. Uvádějte do poddanství každou myšlenku, aby byla poslušna Krista, abyste žili v souladu s pravdou a pak se stanete člověkem plným ducha a víry.

Zbavte se myšlenky, že musíte někoho na oplátku dvakrát uhodit, abyste nebyli zahanbeni, když vás uhodí, protože tato tělesná myšlenka je proti pravdě.

Proto opusťte všechny hříchy, které vám přicházejí na mysl. Abyste se s problémem hříchů vypořádali úplně, měli byste nejprve ze všeho zanechat žádostivosti těla, svých očí a pýchy života. To jsou lživé myšlenky, ve kterých si satan libuje.

Žádostivost těla, to znamená myšlenky vznikající v jeho mysli, jsou touhy proti Boží vůli. Galatským 5:19-21 uvádí takovéto touhy.

Skutky lidské svévole jsou zřejmé: necudnost, nečistota, bezuzdnost, modlářství, čarodějství, rozbroje, hádky, žárlivost, vášeň, podlost, rozpory, rozkoly, závist, opilství, nestřídmost a podobné věci. Řekl jsem už dříve a říkám znovu, že ti, kteří takové věci dělají, nebudou mít podíl na království Božím.

Samotnou touhou, kterou vám Bůh přikazuje opustit, je žádostivost těla.

Žádostivost očí znamená, že se něčí mysl stane intenzivně ovlivněna tím, co dotyčný vidí a slyší a začne uskutečňovat touhy, které se probudily v jeho mysli. Když někdo miluje svět vyhledávající žádostivost očí, zdá se, že pouze tyto touhy mají smysl a nic jiného nemůže dotyčného uspokojit.

Vychloubačná mysl vzniká v člověku, když začne vlastnit potěšení světa díky svému úsilí o uspokojující žádosti hříšného člověka a žádostivost jeho očí. Toto se nazývá pýchou života.

Aby nás vykoupil ze všech druhů nemorálnosti, nepravosti a špatnosti, nesl Ježíš trnovou korunu a proléval svou krev. Neboť pouze nevinná krev Ježíše nás mohla vykoupit z našich hříchů. On nás vykoupil ze všech hříchů spáchaných v našich myšlenkách tím, že nesl trnovou korunu na své hlavě a proléval svou krev.

Za druhé, Ježíš nesl trnovou korunu, aby člověku umožnil nosit lepší korunu v nebi.

Dalším důvodem pro nesení koruny z trní je umožnit vám získat lepší korunu. Protože vás vykoupil z chudoby a dal vám bohatství tím, že vedl chudý život, nesl trnovou korunu, aby vám umožnil získat lepší korunu v nebi.

V nebi existují nesčetné koruny připravené pro Boží děti. V atletickém závodě se dávají vítězům podle jejich hodnocení ceny jako zlaté medaile, stříbrné medaile nebo bronzové medaile. Stejně tak existují různé koruny v nebi.

Je zde *nepomíjitelná koruna* popsaná v 1 Korintským 9:25: *"Každý závodník se podrobuje všestranné kázni. Oni to podstupují pro pomíjitelný věnec, my však pro věnec nepomíjitelný."* Nepomíjitelná koruna je připravena pro Boží děti, které usilují o to opustit své hříchy. Koruna slávy je připravena pro ty, kdo odhodí své hříchy, žijí v souladu s Božím slovem a oslavují Boha (1 Petrův 5:4). *Koruna života* je rovněž připravena pro ty, kdo velmi milují Boha, jsou mu věrní až k smrti a stanou se svatými zanecháním veškeré špatnosti (Jakubův 1:12; Zjevení 2:10).

Koruna spravedlnosti bude dána těm, kteří se jako apoštol Pavel stanou svatými odložením všech svých hříchů a navíc zcela dokončí své poslání v souladu s Boží vůlí (2 Timoteovi 4:8).

Ve Zjevení 4:4 je rovněž popsáno toto: *"Okolo toho trůnu čtyřiadvacet jiných trůnů, a na nich sedělo čtyřiadvacet starců, oděných bělostným rouchem, na hlavách koruny ze zlata."* Koruna ze zlata je připravena pro lidi, kteří dosáhnout úrovně staršího a budou Bohu asistovat v Novém Jeruzalémě.

Označení "starší" se zde nevztahuje na lidi, kterým je tento titul dán v církvích tohoto světa, ale popisuje lidi uznané Bohem jako starší, protože jsou svatí a věrní v celém Božím domě a mají neměnnou víru hodnou zlata.

Bůh dává svým dětem různé koruny v závislosti na míře, do jaké odloží hříchy a dokončí Boží poslání. Boží děti budou v nebi velikými a obdrží lepší korunu, pokud nepřemýšlejí nad tím, jak uspokojit touhy své hříšné přirozenosti a chovají se vhodně podle Božího slova (Římanům 13:13-14), jestliže se jejich duše má dobře, protože žijí z moci Božího ducha (Galatským 5:16) a pokud věrně konají svou povinnost a poslání!

Stejně tak i vás Ježíš vykoupil ze všech vašich hříchů spáchaných ve vašich myšlenkách tím, že nesl trnovou korunu a proléval svou krev. Buďte vděční, protože on připravuje lepší korunu v nebi, aby vám ji dal podle míry vaší víry a splnění vašeho poslání!

Proto si musíte uvědomit, jak úžasné je být mezi těmi, kdo obdrží tyto koruny. Tím, že odložíte veškerou špatnost, dobře provedete své poslání a budete věrní v celém Božím domě, získáte srdce vašeho Pána. Doufám, že v nebi obdržíte tu nejlepší korunu, jakou můžete.

Ježíšovy šaty a spodní oděv

Ježíš, který nesl trnovou korunu a po celém svém těle proléval krev kvůli krutému bičování, přišel na Golgotu, místo ukřižování. Když římští vojáci ukřižovali Ježíše, vzali jeho šaty a rozdělili je na čtyři díly, pro každého z nich jeden díl. Spodní oděv však neroztrhali, ale losovali o něj.

Když vojáci Ježíše ukřižovali, vzali jeho šaty a rozdělili je na čtyři díly, každému vojákovi díl; zbýval ještě spodní šat. Ten byl beze švů, od shora vcelku utkaný. Řekli mezi sebou: "Netrhejme jej, ale losujme, čí bude." To proto, aby se naplnilo Písmo: "Rozdělili si mé šaty a o oděv můj metali los" (Jan 19:23-24).

Proč Boží slovo podrobně vypovídá o tom, co se stalo s Ježíšovými šaty a spodním oděvem? Historie Izraele je od roku 70 po Kristu hluboce zakotvena v duchovní aplikaci této události.

Svlečen a ukřižován

Podle Matouše 27:22-26 byl Ježíš, na žádost Izraelitů, kteří jej neuznali za Mesiáše, odsouzen k ukřižování Pontiem Pilátem potom, co byl různými způsoby zesměšňován a pohrdán. Potom, co nesl trnovou korunu, byl zesměšňován a opovrhován, donesl kříž na Golgotu a byl zde ukřižován. Pilát nařídil vojákům, aby mu nad hlavu umístili nápis o provinění, které říkalo: *"TO JE JEŽÍŠ, KRÁL ŽIDŮ"* (Matouš 27:37). Poznámka byla napsána v hebrejštině, latině a řečtině. Hebrejština byla tradičním jazykem Židů, Bohem vyvoleného lidu. Latina byla oficiálním jazykem římského impéria, nejmocnějšího národa své doby a řečtina byla jazykem dominujícím světové kultuře. A tak poznámka napsaná v těchto třech jazycích symbolizuje, že celý svět uznal Ježíše za skutečného židovského krále a za Krále králů.

Po přečtení nápisu se podle Janova evangelia 19:21-22 mnoho Židů proti Pilátovi ohradilo, že neměl psát "Židovský král," ale místo toho "Vydával se za židovského krále." Nicméně, Pilát jim odpověděl: "Co jsem napsal, napsal jsem" a nechal nápis beze změny. To znamená, že dokonce i Pilát uznal Ježíše za židovského krále.

Zatímco Pilát uznal Ježíše za židovského krále, Ježíš je jediným skutečným Božím synem, Králem králů a Pánem pánů. Přesto byl před mnoha lidmi, kteří ho sledovali, svlečen ze svých šatů a spodního oděvu a ukřižován na kříži. Tímto způsobem nesl tak srdcervoucí hanbu.

Žijeme na tomto bezbožném světě, přičemž zapomínáme na veškerou povinnost člověka. A aby nás vykoupil ze všech druhů hanby, nečistých věcí, špatnosti, nepravosti a nemorálnosti, byl Ježíš, Král králů, svlečen ze svých šatů a spodního oděvu a strpěl hanbu, zatímco ho mnoho lidí sledovalo. Pokud porozumíte duchovnímu významu skrytému v této skutečnosti, nebudete moci dělat nic jiného, než že za to budete vděční.

Rozdělení Ježíšova roucha na čtyři díly

Římští vojáci odhalili Ježíšovu nahotu a ukřižovali ho. Vzali jeho šaty a rozdělili je na čtyři díly, ale o spodní šat losovali.

Selský rozum říká, že jeho šaty nemohly být překrásné ani drahé. Proč tedy vojáci rozdělili jeho šaty na čtyři díly?

Věděli snad v prozíravé moudrosti, že Ježíš bude uctíván jako Mesiáš a chtěli získat dokonce i kus oblečení, aby jej dali svým potomkům jako drahocenný rodinný poklad? Ne, to nebyl ten případ.

Žalm 22:19 prorokuje: *"Dělí se o mé roucho, losují o můj oděv."* Bůh nechal římské vojáky, aby Ježíši vzali šaty a naplnili tak tento verš (Jan 19:24).

Jakou duchovní aplikaci tedy Ježíšovo oblečení obsahuje? Proč rozdělili jeho šaty na čtyři díly, pro každého z nich jeden? Proč si nerozdělili jeho spodní oděv? Proč Bůh nechal napsat tento příběh dopředu?

Protože je Ježíš židovským králem, vztahují se Ježíšovy šaty na izraelský národ nebo Židy. Když římští vojáci rozdělili šaty na čtyři díly, ztratily šaty svůj tvar. To dokládá, že Izrael jako národ bude zničen. Rovněž to naznačuje, že název Izrael zůstane stejně jako zůstaly díly z oděvu. Nakonec slova napsaná o jeho šatech prorokovala, že Židé budou rozptýleni do všech směrů v důsledku zničení svého národa. Dějiny Izraele dosvědčují, že se toto proroctví naplnilo.

Během 40ti let od smrti Ježíše na kříži zničil římský generál jménem Titus Jeruzalém. Boží chrám byl zcela zničen a nezůstal z něj kámen na kameni. Protože izraelský národ přestal existovat, Židé byli rozprášeni, pronásledováni a dokonce vražděni. To vysvětluje, proč žijí Židé dokonce i v dnešní době po celém světě.

Matouš 27:23 líčí hrůznou scénu, ve které Pilát říká bezbožnému zástupu, že je Ježíš nevinný, ale lidé křičí ještě hlasitěji, aby jej dal ukřižovat. V tom vzal Pilát vodu a omyl si ruce, aby ukázal, že není zodpovědný za smrt nevinného Ježíše a pravil: *"Já nejsem vinen krví tohoto člověka; je to vaše věc."* Na to mu zástup odpověděl: *"Krev jeho na nás a naše děti!"*

Pozoruhodným elementem je, že dějiny Izraele jasně ukazují, že mnoho Židů a jejich potomků prolilo krev, jako by naplnilo svůj požadavek na Pontia Piláta. Během čtyř desetiletí od Ježíšovy smrti bylo zavražděno 1,1 miliónu Židů. Kromě toho během druhé světové války nacistické Německo zabilo okolo šesti miliónů Židů. Film "Schindlerův seznam" líčí tragické scény, ve kterých jsou Židé, bez rozdílu muži a ženy, staří a mladí, zabíjeni, aniž by na sobě měli šaty. Dokonce i kriminálníkovi je dovoleno obléci si na sebe před popravou čisté šaty, ale Židé byli při vraždění svlečeni donaha.

Židé neuznali Ježíše za Mesiáše, svlékli ho donaha a ukřižovali. Protože křičeli: "Krev jeho na nás a naše děti," přišly na izraelský lid na věky hrozné těžkosti.

Ježíšův spodní šat beze švů, od shora vcelku utkaný

Jan 19:23 popisuje Ježíšův spodní šat: *"Ten byl beze švů, od shora vcelku utkaný."* Výraz "beze švů" zde znamená, že spodní šat nebyl sešíván, aby se spojilo několik kousků látky dohromady. Většina lidí se nezajímá o to, jak je vyrobeno jejich oblečení nebo jestli je jejich oblečení utkáno od shora dolů nebo od spoda nahoru. Proč tedy Bible podrobně popisuje Ježíšův spodní šat?

Bible říká, že praotec všech lidí je Adam, praotec víry je Abraham a praotec Izraele je Jákob. Bůh nás učí, že praotec Izraele není Abraham, ale Jákob, protože dvanáct izraelských kmenů pochází z dvanácti Jákobových synů. Zakladatelem izraelského národa je Jákob, i když praotec víry je Abraham.

Bůh Jákobovi v Genesis 35:10-11 požehnal tímto způsobem:

"Tvé jméno bylo Jákob; už nebudeš zván Jákob, tvé jméno bude Izrael." A dal mu jméno Izrael. Dále mu Bůh řekl: "Já jsem Bůh všemohoucí. Ploď a množ se; vzejde z tebe národ a společenství pronárodů, i králové vzejdou z tvých beder."

Podle Božího slova zmíněného v těchto verších vytvořilo

Jákobových dvanáct synů páteř Izraele a Izrael byl sjednocenou zemí, dokud nebyl rozdělen ve dnech krále Rechabeáma na Izrael na severu a Judu na jihu. Později se Izrael na severu promíchal s pohany, ale Juda zůstal sjednocen. Dnes se lidé z Judy nazývají Židé. Skutečnost, že byl spodní šat beze švů, od shora vcelku utkaný, znamená, že si izraelský národ uchová svou jednotu a identitu potomků Jákobových do tohoto dne.

Losování o Ježíšův spodní šat bez jeho roztrhání

Spodní šat zde označuje srdce lidu. Protože Ježíš je králem Izraele, jeho spodní šat znamená srdce Židů.

Izraelité, jako Boží lid vyvolený skrze svého praotce víry Abrahama, uctívali nade všechny věci skutečného Boha. Skutečnost, že nerozdělili spodní šat, znamená, že duch židovského lidu Izraele, který uctívá Boha, je dobře ochráněn, aniž by byl roztrhán na kusy, třebaže samotný izraelský národ nebo jeho vláda byli občas zničeny.

Ve skutečnosti Bible prorokovala, že pohané nebudou moci vyhladit ducha Izraelitů setrvávajícího hluboko v jejich srdcích. Jinými slovy, postoj svého srdce vůči Bohu izraelský národ neochvějně udržoval, třebaže byl zničen pohany. Protože mají takové stálé srdce, Bůh vyvolil Izraelity jako svůj vlastní lid a používal jej ke zřízení svého království a spravedlnosti.

Dokonce i dnes se s vytrvalým srdcem Izraelité pokoušejí řídit zákonem. To proto, že jsou potomky Jákoba, který sám měl stálé srdce. Izraelité překvapili celý svět získáním své nezávislosti

14. května 1948, dlouho poté, co ztratili svou zemi. Potom se velmi rychle rozvinuli v jednu z nejvyspělejších a nejvlivnějších zemí a znovu dali najevo svého národního ducha a svou výjimečnost.

Protože římští vojáci nemohli rozdělit Ježíšův spodní šat, který byl beze švů, od shora vcelku utkaný, nemohou pohané zničit ducha Izraelitů uctívajících Boha. Nakonec Izraelité jako potomci Jákoba zřídili nezávislou zemi a naplnili Boží vůli jako jeho vyvolený lid.

Izrael na konci věků, jak jej předpovídá Bible

Jak Bůh předpověděl dějiny Izraele skrze Ježíšovy šaty a spodní oděv, tak nám rovněž poskytl náznaky o posledních dnech na světě.

V Ezechielovi 38:8-9 čteme:

Před mnohými dny jsi byl určen k tomu, abys na sklonku let vtáhl do země, která se zatím zotaví po meči. Její lid, shromážděný z mnohých národů na hory izraelské, které ustavičně zůstávaly pusté, bude vyveden z národů a všichni budou bezpečně bydlet. "Tu přitáhneš a přiženeš se jako bouře, jako oblak přikryješ zemi, ty i všechny tvé voje a mnoho národů s tebou."

Slovní spojení "před mnohými dny" znamená časové období od narození Ježíše do jeho druhého příchodu a výraz "na sklonku let" odkazuje na poslední léta blížící se Ježíšovu druhému příchodu. "Hory izraelské" označují Jeruzalém, který se nachází na vysočině asi 760 metrů nad mořskou hladinou. Proto slova, že se v budoucích letech mnoho lidí shromáždí z mnoha zemí, předpovídají, že když se přiblíží Ježíšův návrat, vrátí se Izraelité z celého světa zpět do své země.

Tato předpověď se vyplnila, když byl Izrael zničen římským impériem v roce 70 po Kristu a získal v roce 1948 svou nezávislost. Izrael byl do vzniku své nezávislosti pustý, ale vyrostl v jednu z nejvyspělejších zemí na světě.

Nový zákon rovněž prorokuje nezávislost Izraele. Ježíš nám v Matoušovi 24:32-34 říká následující:

> *Od fíkovníku si vezměte poučení: Když už jeho větev raší a vyráží listí, víte, že je léto blízko. Tak i vy, až toto všecko uvidíte, vězte, že ten čas je blízko, přede dveřmi. Amen, pravím vám, že nepomine toto pokolení, než se to všechno stane.*

Toto byla Ježíšova odpověď učedníkům, kteří se ho ptali na znamení jeho druhého příchodu a na konec věků.

Fíkovníkem se v těchto verších myslí Izrael. Když padá listí ze stromů a fouká chladný vítr, víte, že se blíží zima. Stejně tak, jakmile začnou rašit větvičky fíkovníku a začne vyrážet listí, víte, že je blízko léto. Tímto podobenstvím Ježíš vysvětluje, že až se po dlouhém čase od svého zničení obnoví Izrael, to znamená, až izraelský lid získá svou nezávislost, bude Ježíšův druhý příchod velmi blízko.

Jak dlouho potrvá "toto pokolení" zmíněné Ježíšem v daném

verši, nevíte, ale víte, že to, co řekl, se určitě splní. Už jste byli svědky nezávislosti Izraele, takže je velmi snadné dát si dohromady, že Ježíšův druhý příchod je velmi blízko.

Znamení konce věků

Když se učedníci v Matoušovi 24 ptali na znamení konce věků, Ježíš jim je dopodrobna vysvětlil. Nicméně, nepověděl přesnou hodinu a den, když řekl: *"O onom dni a hodině však neví nikdo, ani andělé v nebi, ani Syn; jenom Otec sám"* (Matouš 24:36).

To pouze znamená, že on jako Syn člověka, který přišel na tento svět v těle, neznal přesnou hodinu a den. To neznamená, že to Ježíš jako jeden z Trojice nevěděl po svém ukřižování, vzkříšení a nanebevstoupení.

Vyřknutím mnoha věcí o znameních na konci věků vás Ježíš varoval: *"A protože se rozmůže nepravost, vychladne láska mnohých. Ale kdo vytrvá až do konce, bude spasen"* (Matouš 24:12-13).

Dnes můžete silně pociťovat, že špatnost roste a láska chladne. S vřelostí se setkáte jen stěží. Ježíš v Matoušovi 24:14 řekl: *"A toto evangelium o království bude kázáno po celém světě na svědectví všem národům, a teprve potom přijde konec."* Evangelium již bylo kázáno ve všech koutech země.

Navíc žijeme v "globální vesnici," kde je každý kout zeměkoule přístupný buď prostřednictvím dopravy nebo komunikace. Tento fenomén byl taktéž předpovězen v Danielovi 12:4: *"A ty, Danieli, udržuj ta slova v tajnosti a zapečeť tuto knihu až do doby konce. Mnozí budou zmateně pobíhat, ale poznání se rozmnoží."* Evangelium se v tomto prostředí rychle rozšířilo po celém světě.

Je pravda, že i když se evangelium kázalo po celém světě, jsou zde lidé, kteří nepřijali Ježíše, protože neotevřeli svá srdce. Nebo existují některá odlehlá místa, kam ještě semeno evangelia nebylo zaseto.

Všechna proroctví ve Starém zákoně byla naplněna a většina proroctví v Novém zákoně byla taktéž téměř naplněna. Celé Písmo je inspirováno Duchem svatým. Tudíž je Boží slovo pravdivé a neobsahuje žádné chyby. Nejmenší písmeno nebo nejnepatrnější škrtnutí perem nebude ve Slově změněno. Bůh naplnil své Slovo a přísliby a pouze několik věcí zůstalo nenaplněno včetně druhého příchodu našeho Pána Ježíše Krista, sedmi let velikého soužení, nového milénia a velikého soudu u velkého bílého trůnu.

Přibit na kříž skrze nohy a ruce

Ukřižování bylo jednou z nejkrutějších metod popravy určenou pro vrahy a zrádce. Paže se při ní roztáhly na dřevěný kříž a člověk byl přibit na kříž skrze nohy a ruce. Na kříž byl pověšen dlouhou dobu předtím, než zemřel. Musel tedy trpět strašnými bolestmi až do posledního dechu.

Ježíš, Syn Boží, dělal pouze dobré věci a tento svět nijak nepošpinil ani neposkvrnil. Proč byl tedy Ježíš přibit na kříž skrze nohy a ruce a prolil na něm svou krev?

Bolest z přibití na kříž skrze nohy a ruce

Ježíš byl odsouzen k smrti na kříži a přišel na místo popravy zvané Golgota. Jeden římský voják držel velký železný hřeb a druhý držící kladivo začal na příkaz setníka přibíjet jeho ruce a nohy ke kříži. Potom vztyčili kříž. Dokážete si představit, jak to muselo bolet?

Když mu byly veliké hřeby zatloukány do těla a když jeho tělo strženo vlastní váhou trhalo přibité části těla, musel nevinný Ježíš trpět ukrutnou bolestí.

Jestliže byl člověk sťat, bolest skončila okamžitě. Umírání na kříži bylo nicméně o mnoho bolestivější, protože byl člověk pověšen, krvácel a trpěl dehydratací a vyčerpáním až do chvíle své smrti.

Navíc za slunečného dne létaly v poušti nad rozdrásaným tělem všechny druhy hmyzu a havěti a sály krev stékající z ran na přibytých rukách a nohách. Vrcholem všeho byli bezbožní lidé mířící na něj svými prsty, kteří na něj plivali, vysmívali se mu, proklínali jej a častovali jej urážkami. Někteří lidé jím dokonce pohrdali, když říkali: *"Když chceš zbořit chrám a ve třech dnech jej znovu postavit, zachraň sám sebe; jsi-li Syn Boží, sestup z kříže!"* (Matouš 27:40)

Ježíše během jeho ukřižování doprovázela nesnesitelná bolest. Nicméně, Ježíš velmi dobře věděl, že to, že nese hříchy a snáší proklínání na kříži, otevřelo cestu pro vykoupení lidstva z jeho hříchů a pro jeho přeměnění v Boží děti. Jeho skutečná bolest spíše pocházela z jiného zdroje. Stále zde existovali lidé, kteří neznali tuto Boží prozíravost nebo kteří ve své bezbožnosti neobdrželi spasení. To mu přinášelo větší bolest.

Hříchy spáchané rukama a nohama

Jakmile je v srdci počata hříšná myšlenka, srdce nabádá ruce a nohy k páchání hříchů. Neboť zde existuje duchovní zákon, že mzdou hříchu je smrt, musíte, když se dopouštíte hříchů, propadnout peklu a navždy zde trpět.

Proto Ježíš říká: *"A svádí-li tě k hříchu noha, utni ji; je lépe pro tebe, vejdeš-li do života chromý, než abys byl s oběma nohama uvržen do pekla. A jestliže tě svádí oko, vyloupni je; je lépe pro tebe, vejdeš-li do Božího království jednooký, než abys byl s oběma očima uvržen do pekla"* (Marek 9:45-47).

Kolikrát od svého narození jste spáchali hřích svýma rukama a nohama? Někdo bije ve vzteku druhé lidi. Někdo krade a další ztrácí své štěstí gamblerstvím. Lidé se stávají násilnickými svýma nohama a chodí tam, kam by chodit neměli. Proto, svádí-li vás k hříchu nohy, je lepší je utnout a vstoupit do nebe, než být s oběma nohama uvržen do pekla.

A kolik hříchů jste spáchali svýma očima? Když vidíte něco, co byste svýma očima vidět neměli, stravují vás chamtivost a cizoložství. Proto Ježíš řekl, že pokud vás k hříchu svádí oči, je lepší je vyloupnout a vejít do nebe, než být po spáchání hříchu uvržen do pekla.

Pokud někdo ve starozákonní době spáchal hřích svým okem, bylo mu vyloupnuto; pokud někdo spáchal hřích svou rukou nebo nohou, jeho ruka nebo noha mu byla utnuta; pokud někdo spáchal vraždu nebo cizoložství, byl ukamenován k smrti

(Deuteronomium 19:19-21).

Bez utrpení Ježíše Krista na kříži by Boží děti i dnes utínaly své ruce nebo nohy, pokud by spáchaly hřích svýma rukama nebo nohama. Nicméně, Ježíš vzal kříž, byl na něj přibit skrze své ruce a nohy a prolil svou krev. Tímto smyl hříchy spáchané našima rukama a nohama a vy již nemusíte víc trpět nebo platit za své vlastní hříchy jakoukoliv cenu. Jak úžasná je jeho láska!

Pamatujte na to, že pokud chodíte ve světle, vyznáváte své hříchy a obracíte se na něj, on vás očišťuje od každého hříchu, protože on je ve světle (1 Janův 1:7).

Proto je velmi důležité, abyste své srdce naplnili pravdou, a tak vedli vítězný život s vděčným a milostivým srdcem, které je vždy zaměřené na Boha.

Ježíšovy nohy nebyly zlámány, ale jeho bok byl probodnut

Dnem, kdy Ježíš zemřel, byl pátek, den před sabatem. Tenkrát se sobota dodržovala jako sabat a Židé nechtěli nechat během sabatu těla na křížích.

A tak, jak se můžete dočíst v Janovi 19:31, požádali Židé Piláta, aby byly odsouzeným zlámány kosti a aby byla těla sňata s kříže.

Se svolením Pontia Piláta zlámali vojáci nohy zlodějům, kteří byli ukřižováni po obou stranách Ježíše, ale Ježíši nohy nezlámali, protože byl již mrtev. Tenkrát byli ti, kdo byli ukřižováni, považováni za zatracené, a proto jim vojáci lámali nohy. Proto je ve skutečnosti, že nezlámali nohy Ježíši, božská prozřetelnost.

Proč nebyly Ježíši zlámány nohy?

Ježíš, který byl bez hříchu, byl zatracen a pověšen na kříž, aby vykoupil lidské bytosti z kletby zákona. Satan nemohl zlomit jeho nohy ne proto, že Ježíš zemřel kvůli jeho hříchu, ale kvůli Boží prozřetelnosti.

Kromě toho Bůh ochránil Ježíše od zlomení nohou, aby naplnil slova Žalmu 34:21, která zní: *"Ochraňuje všechny jeho kosti, nebude mu zlomena ani jedna."*

V Numeri 9:12 říká Bůh Izraelitům, aby nezlámali žádnou kost z beránka, když ho budou jíst. V Exodu 12:46 rovněž říká, že Izraelité mohou jíst maso beránka, ale nesmí zlámat žádnou jeho kost.

"Beránkem" se má na mysli Ježíš, který byl bez viny a bez poskvrny, avšak sám ukřižován jako oběť usmíření za lidské bytosti a jejich hříchy ve své lásce k nám. V souladu s Písmem, knihou Exodus 12:46, kde se říká: *"Musí být sněden [beránek] v témž domě. Z jeho masa nevyneseš nic z domu; žádnou jeho kost nezlámete,"* nebyla Ježíši zlomena žádná kost.

Jeho bok byl probodnut kopím

Jan 19:32-34 líčí ještě další hroznou scénu:

Přišli tedy vojáci a zlámali kosti prvnímu i druhému, kteří byli ukřižováni s ním. Když přišli k Ježíšovi a viděli, že je již mrtev, kosti mu nelámali, ale jeden z vojáků mu probodl kopím bok; a ihned vyšla krev a voda.

I když už voják věděl, že je Ježíš mrtev, proč přesto probodnul Ježíšův bok kopím a způsobil, že mu z boku vytryskl náhlý proud krve a vody? Toto demonstruje špatnost člověka.

Ačkoliv byl Bůh, Ježíš se nedožadoval ani nelpěl na svých právech Boha. Namísto toho ze sebe učinil nic; vzal na sebe pokorné postavení otroka a vyšel v podobě lidské bytosti. V poslušnosti se ponížil ještě víc tím, že zemřel na kříži smrtí zločince. Tímto způsobem vám Ježíš otevřel dveře ke spasení (Filipským 2:6-8).

Ježíš dal během svého života na tomto světě vězňům svobodu, chudým bohatství a uzdravil nemocné a slabé. Neměl dostatek času k jídlu a spánku, protože dělal vše, co bylo v jeho silách, aby rozhlašoval Boží slovo a zachránil tak co nejvíce duší. Vyšel na horu, aby se modlil, i když jeho učedníci odpočívali.

Mnoho Židů ho s opovržením pronásledovalo, ačkoliv činil pouze dobro. Nakonec ho ve své špatnosti ukřižovali na kříži. Kromě toho ho římský voják, navzdory tomu, že věděl, že je mrtev, probodnul kopím. To vypovídá o tom, že lidé překypovali špatností.

Bůh vám ukázal svou velikou lásku tím, že navzdory špatnosti lidských tvorů poslal svého jediného Syna Ježíše Krista a nechal jej ukřižovat na kříži, aby vás vykoupil z vašich hříchů.

Vylití krve a vody z jeho boku

Jak již bylo zmíněno, římský voják ve své špatnosti probodnul Ježíšův bok kopím navzdory tomu, že věděl, že je Ježíš již mrtev. Když voják probodnul jeho bok, vytekla z Ježíšova těla krev a voda. Tato příhoda má tři významy.

Za prvé, ukazuje vám, že Ježíš přišel v těle jako Syn člověka. Jan 1:14 říká: *"A Slovo se stalo tělem a přebývalo mezi námi. Spatřili jsme jeho slávu, slávu, jakou má od Otce jednorozený Syn, plný milosti a pravdy."* Bůh přišel na tento svět v těle a byl Ježíšem.

Hříšníci nemohou vidět Boha, protože potom, co ho uvidí, zahynou. A tak se před nimi Bůh nemůže přímo objevit. To je důvod, proč Ježíš přišel na tento svět v těle a předvedl mnoho důkazů, které nás vedou k tomu uvěřit v Boha.

Bible vám říká, že Ježíš byl člověkem zrovna jako vy. V Markovi 3:20 čteme: *"Vešel do domu a opět shromáždil zástup, takže nemohli ani chleba pojíst."* Matouš 8:24 nám říká: *"V tom se strhla na moři veliká bouře, takže loď už mizela ve vlnách; ale on spal."*

Někteří lidé se možná diví, jak mohl být Boží Syn Ježíš hladový nebo trpět bolestí. Nicméně, protože byl Ježíš v těle složeném z kostí a svalů, musel jíst a spát. Rovněž trpěl bolestí stejným způsobem jako my.

Skutečnost, že když byl probodnut kopím, vytekly z jeho těla krev a voda, vám dává přesvědčivý důkaz o tom, že Ježíš přišel na tento svět v těle, ačkoliv byl Božím Synem.

Za druhé, je to další důkaz toho, že se můžete rovněž podílet na božské přirozenosti, třebaže máte tělo. Bůh chce, aby jeho děti byly svaté a dokonalé jako on. Proto říká: *"Svatí buďte, neboť já jsem svatý"* (1 Petrův 1:16) a *"Buďte tedy dokonalí, jako je dokonalý váš nebeský Otec"* (Matouš 5:48). Rovněž vás povzbuzuje, když říká: *"Tím nám daroval vzácná a převeliká zaslíbení, abyste se tak stali účastnými božské přirozenosti a unikli zhoubě, do níž svět žene jeho zvrácená touha"* (2 Petrův 1:4) a *"Nechť je mezi vámi takové smýšlení, jako v Kristu Ježíši"* (Filipským 2:5).

Ježíš přišel na tento svět v těle, stal se služebníkem podle Boží vůle a splnil veškerou svou povinnost. Rovněž naplnil zákon lásky tím, že překonal všechny zkoušky a těžkosti a žil podle Božího slova.

Ačkoliv byl člověkem právě jako vy, ochotně přijal všechnu bolest, následoval Boží vůli s vytrvalostí a sebeovládáním a v lásce obětoval sám sebe a zemřel na kříži bez jakéhokoliv odporu nebo stížností.

Jak se tedy potom můžeme účastnit božské přirozenosti se srdcem Ježíše Krista?

Abyste se mohli účastnit božské přirozenosti a měli stejný postoj jako Ježíš, musíte ukřižovat svou hříšnou přirozenost skládající se z vášně a touhy, mít duchovní lásku a naléhavě se modlit.

Na jednu stranu, tělesná láska je egoistická a tato láska časem ochladne. Lidé s tímto druhem lásky zrazují jeden druhého a když nejsou ve shodě, trápí se.

Na druhou stranu, Bůh chce, abyste měli lásku, která je trpělivá, laskavá a nesobecká. A tak je to duchovní láska, která se nikdy nezmění a vzkvétá den za dnem. Postoj Ježíše můžete mít do té míry, do jaké máte duchovní lásku a do jaké odhodíte jakoukoliv špatnost prostřednictvím naléhavé modlitby.

Stejně tak může každý obdržet Boží milost a moc, pokud

hledá Boží pomoc v půstu a naléhavé modlitbě. Bůh na něm rovněž pracuje, aby jej zbavil veškeré špatnosti. Pokud budete mít duchovní lásku a budete nést devět druhů ovoce Ducha svatého, budete zářit jako slunce v nebeském království (Galatským 5) a získáte blahoslavenství (Matouš 5).

Za třetí, Ježíšova prolitá krev a voda jsou dost mocné na to, aby vás vedly ke skutečnému a věčnému životu.

Ježíšova krev a voda byly bez viny a bez poskvrny, neboť Ježíš byl bez prvotního hříchu a nedopustil se žádného hříchu. V duchovním pojetí to byly ta krev a voda, které mohly být vzkříšeny. Protože prolil svou svatou krev, vaše hříchy jsou očištěny a můžete mít skutečný život vedoucí ke spasení, vzkříšení a věčnému životu.

Voda, která vytekla z Ježíšova těla, symbolizuje věčnou vodu, Boží slovo. Můžete být naplněni pravdou a být skutečnými Božími dětmi do té míry, do jaké porozumíte jeho Slovu a odhodíte všechny hříchy tím, že podle něj budete žít.

Ježíš, bez jakékoliv poskvrny a špíny, se vzdal všech věcí až do prolití své krve a vody, aby vám dal skutečný život, třebaže jste nebyli lepší než zvířata.

Doufám, že chápete, že jste spaseni, aniž byste zaplatili jakoukoliv cenu a odhodíte všechny hříchy tím, že se budete ve víře naléhavě modlit, abyste mohli vést plodný život v Ježíši Kristu.

Kapitola 7

Posledních sedm slov Ježíše na kříži

- Otče, odpusť jim
- Dnes budeš se mnou v ráji
- Ženo, hle, tvůj syn!; Hle, tvá matka!
- *Eloi, Eloi, lema sabachtani?*
- Žízním
- Dokonáno jest
- Otče, do tvých rukou odevzdávám
  svého ducha

Ježíš řekl: "Otče, odpusť jim, vždyť nevědí, co činí." ... (v. 34)

... Tu ho ten druhý okřikl: "Ty se ani Boha nebojíš? Vždyť jsi sám odsouzen ke stejnému trestu. A my jsme odsouzeni spravedlivě, dostáváme zaslouženou odplatu, ale on nic zlého neudělal." A řekl: "Ježíši, pamatuj na mne, až přijdeš do svého království." Ježíš mu odpověděl: "Amen, pravím ti, dnes budeš se mnou v ráji." Bylo už kolem poledne; tu nastala tma po celé zemi až do tří hodin, protože se zatmělo slunce. Chrámová opona se roztrhla v půli. A Ježíš zvolal mocným hlasem: "Otče, do tvých rukou odevzdávám svého ducha." Po těch slovech skonal. (v. 40-46).

Lukáš 23:34-46

Když se přiblíží smrt, většina lidí bilancuje svůj život. Svým rodinným příslušníkům a přátelům zanechávají svá poslední slova.

Stejně tak se Ježíš stal tělem, přišel na tento svět z Boží prozíravosti a než vydechl naposledy, provolal na kříži sedm slov. Říká se jim "Posledních sedm slov Ježíše na kříži."

Dovolte mi prozkoumat duchovní význam Ježíšových posledních slov na kříži.

Otče, odpusť jim

Autor listu Filipským popisuje Ježíše následujícím způsobem. Ježíš:

> *Nechť je mezi vámi takové smýšlení, jako v Kristu Ježíši: Způsobem bytí byl roven Bohu, a přece na své rovnosti nelpěl, nýbrž sám sebe zmařil, vzal na sebe způsob služebníka, stal se jedním z lidí. A v podobě člověka se ponížil, v poslušnosti podstoupil i smrt, a to smrt na kříži (Filipským 2:5-8).*

Ježíš byl ukřižován na kříži, aby projevil svou lásku a

poslušnost Bohu a mohl otevřít cestu spasení pro hříšníky. Lidé stojící u kříže se spolu se členy rady Ježíši vysmívali: *"Jiné zachránil, ať zachrání sám sebe, je-li Mesiáš, ten vyvolený Boží"* (Lukáš 23:35).

Vojáci se mu rovněž vysmívali, nabízeli mu ocet a říkali: *"Když jsi židovský král, zachraň sám sebe!"* (v. 37) Jeden ze zločinců, kteří viseli vedle něj na kříži, se mu rouhal: *"To jsi Mesiáš? Zachraň sebe i nás!"* (v. 39)

> *Když přišli na místo, které se nazývá Lebka, ukřižovali jej i ty zločince, jednoho po jeho pravici a druhého po levici. Ježíš řekl: "Otče, odpusť jim, vždyť nevědí, co činí." O jeho šaty se rozdělili losem (Lukáš 23:33-34).*

Ježíš se modlil k Bohu a žádal pro ně odpuštění: "Otče, odpusť jim, vždyť nevědí, co činí," zatímco vydechl naposledy. Ježíš žádal Otce, aby dal milost a odpuštění lidem, kteří nevěděli, že Boží Syn Ježíš byl ukřižován, aby jim byly odpuštěny jejich hříchy. Možná si ani neuvědomovali, že jejich činy byly hříchy. Toto jsou jeho první slova na kříži.

Ježíš se v lásce modlí za lidi, kteří ho ukřižovali

Ježíš, Boží Syn, se modlil za ty, kteří ho ukřižovali, i když byl bez poskvrny a ničeho se nedopustil. Jak hluboká a úžasná je jeho láska! Ježíš mohl snadno sestoupit s kříže, aby se vyhnul svému ukřižování, neboť je jedno s všemohoucím Bohem a je zmocněn Bohem Otcem. Nicméně, byl ukřižován, aby naplnil plán spasení podle Boží vůle. Proto mohl snést všechno utrpení a hanbu, modlit se za ně v zoufalé lásce a žádat pro ně odpuštění.

Ježíš se naléhavě modlil: "Otče, odpusť jim, vždyť nevědí, co činí." "Oni" se zde jednoduše nevztahuje pouze na ty, kteří Ježíše ukřižovali a vysmívali se mu, ale zahrnuje všechny lidské bytosti, které nepřijímají Ježíše Krista a pokračují ve svém životě v temnotě. Stejně jako lidé, kteří ukřižovali Božího Syna Ježíše, mnoho lidí hřeší, protože neznají Ježíše Krista a pravdu.

Váš nepřítel ďábel patří temnotě a nenávidí světlo, proto ukřižoval Ježíše, skutečné světlo. Dnes ďábel ovládá lidi, kteří patří temnotě a způsobuje, že pronásledují ty, kdo kráčejí ve světle.

Jak můžete reagovat na pronásledovatele, kteří neznají pravdu?

Ježíš vás učí, jaká je Boží vůle a jaký by měl být křesťanský postoj skrze první slova pronesená na kříži. V Matoušovi 5:44 se říká: *"Já však pravím: Milujte své nepřátele a modlete se za ty, kdo vás pronásledují."* Takže musíme být schopni modlit se za všechny, kteří nás pronásledují, slovy: "Otče, odpusť jim. Neboť nevědí, co činí. Požehnej jim, aby mohli také přijmout Pána a my se s nimi mohli znovu setkat v nebi."

Dnes budeš se mnou v ráji

Když byl Ježíš pověšen na kříž, který stál vysoko na Golgotě, "místě, které se nazývá Lebka," byli s ním ukřižováni také dva zločinci (Lukáš 23:33).

Jeden ze zločinců na něj sršel urážky, ale druhý prvního napomínal, kál se a přijal Ježíše jako svého osobního Spasitele. Poté mu Ježíš přislíbil, že s ním bude v ráji. Toto jsou druhá Ježíšova slova na kříži.

Jeden z těch zločinců, kteří viseli na kříži, se mu rouhal: "To jsi Mesiáš? Zachraň sebe i nás!" Tu ho ten druhý okřikl: "Ty se ani Boha nebojíš? Vždyť jsi sám odsouzen ke stejnému trestu. A my jsme odsouzeni spravedlivě, dostáváme zaslouženou odplatu, ale on nic zlého neudělal." A řekl: "Ježíši, pamatuj na mne, až přijdeš do svého království." Ježíš mu odpověděl: "Amen, pravím ti, dnes budeš se mnou v ráji"(Lukáš 23:39-43).

Svými druhými slovy na kříži se Ježíš prohlásil za Mesiáše, který může odpouštět hříšníkům, když se kají a spasit je.

Když si přečtete všechna čtyři evangelia, zjistíte, že odpovědi dvou zločinců jsou zapsány různě. V Matoušovi 27:44 se říká: *"Stejně ho tupili i povstalci spolu s ním ukřižovaní."* V Markovi 15:32 čteme: *"'Ať nyní sestoupí s kříže, ten Mesiáš, král izraelský, abychom to viděli a uvěřili!' Tupili ho i ti, kteří byli ukřižováni spolu s ním."* Z těchto dvou evangelií se dočtete, že oba zločinci sršeli na Ježíše urážky.

Nicméně, v Lukášovi 23 se dočtete, že jeden zločinec napomínal druhého, kál se ze svých hříchů, přijal Ježíše Krista a byl spasen. Toto není způsobeno tím, že by spolu evangelia nebyla v souladu. Spíše Bůh ve své prozíravosti dopustil, aby toto autoři zapsali různě. V Bibli jsou Boží prozíravost a historické prvky zestručněny. Pokud by bylo všechno zapsáno dopodrobna, nestačilo by k tomu tisíc Biblí.

Jestliže dnes něco nahráváte videokamerou, můžete se na to později podívat, ale v Ježíšových dobách takové vybavení neexistovalo, takže lidé nemohli udělat ani jedinou fotografii, třebaže šlo o velmi důležité události. Mohli události zaznamenat pouze písemně. Prostřednictvím nepatrných rozdílností můžete konkrétní situaci poznat a znovu zažít mnohem realističtěji.

Lepší pochopení Ježíšova ukřižování

Když Ježíš hlásal evangelium, následovaly jej veliké zástupy. Někteří chtěli naslouchat jeho poselství, někteří chtěli vidět zázraky a znamení z nebe, jiní chtěli jídlo a ještě další prodali své majetky, aby mohli sloužit Ježíši a následovat jej.

V Lukášovi 9 vzdává Ježíš díky za pět bochníků chleba a dvě ryby. Množství těch, kteří jedli, bylo asi pět tisíc mužů (Lukáš 9:12-17). Představte si, o kolik více lidí, včetně těch, kdo milovali nebo nenáviděli Ježíše a ostatních v zástupu, se muselo shromáždit na místě, kde byl ukřižován. Zástup obklopil kříž tak, že jej museli vojáci zatarasit kopími a štíty. Představte si lid ječící na Ježíše v kruhu obklopujícím kříž. Zástup jej urážel. Dokonce jeden ze dvou zločinců visících po obou stranách Ježíše ho urážel.

Kdo mohl slyšet, co první zločinec řekl? Je víc než pravděpodobné, že tam bylo velmi hlučno, takže pouze lidé stojící velmi blízko Ježíše mohli slyšet jeho slova. Druhý zločinec prohodil něco směrem k Ježíši s ošklivým výrazem ve tváři. Tento zločinec ve skutečnosti káral toho zločince, který urážel Ježíše. Nicméně ti, kdo byli daleko na opačné straně, si mohli snadno domyslet, že tento kající se zločinec napomínal Ježíše uprostřed.

Na jednu stranu, v těchto hlučných podmínkách si každý z pisatelů evangelií Matouše a Marka, kteří nemohli slyšet kajícího se zločince, mohl jasně domyslet, že rovněž napomínal Ježíše. Takže napsali, že oba zločinci tupili Ježíše.

Na druhou stranu, pisatel Lukášova evangelia jasně slyšel, takže věděl, že jeden ze dvou zločinců Ježíše neurážel, ale namísto toho se kál. Různí pisatelé byli na různých místech, a tak psali různě.

Bůh, který ví všechno, je nechal, aby situaci popsali různě a pozdější generace mohly jasně rozpoznat konkrétní situaci.

Nebeské místo pro kajícného zločince

Ježíš slíbil zločinci, který se kál na kříži před svou smrtí: "Dnes budeš se mnou v ráji." To má duchovní význam.

Nebe, Boží království, velmi přesahuje vaše představy. Dokonce i Ježíš nám v Janovi 14:2 řekl: *"V domě mého Otce je mnoho příbytků; kdyby tomu tak nebylo, řekl bych vám to. Jdu, abych vám připravil místo."* Žalmista nás nabádá: *"Chvalte ho, nebesa nebes, rovněž vody nad nebesy!"* (Žalm 148:4) Nehemjáš 9:6 chválí Boha, který učinil nebesa, dokonce nebesa nebes. 2 Korintským 12:2 mluví o *"člověku v Kristu, který byl před čtrnácti lety přenesen až do třetího nebe; zda to bylo v těle či mimo tělo, nevím - Bůh to ví."* Ve Zjevení 21:2 se říká, že v novém Jeruzalémě bude přebývat Boží trůn.

Stejně tak v nebi existují mnohé příbytky. Nicméně, není vám dovoleno žít na místě, které si zvolíte. Bůh spravedlnosti odmění každého z vás podle toho, co jste na tomto světě vykonali: jak moc se podobáte vašemu Pánu, jak hodně jste pracovali pro Boží království a kolik jste si toho nahromadili v nebi (Matouš 11:12, Zjevení 22:12).

V Janovi 3:6 čteme: *"Co se narodilo z těla, je tělo, co se narodilo z Ducha, je duch."* V závislosti na tom, do jaké míry jste se zbavili tělesných věcí a stali se duchovním člověkem, budou příbytky v nebi rozděleny do skupin o stejné duchovní úrovni.

Samozřejmě, že každé místo v nebi je velmi překrásné, protože mu vládne Bůh. Nicméně, v rámci nebe existují rozdíly. Například životní styl, koníčky, životní standard a podobně jsou v metropoli nesmírně rozdílné od těch na venkově. Stejným způsobem je svaté město, nový Jeruzalém, nejslavnějším místem v nebi, kde je umístěn Boží trůn a kde budou bydlet děti, které se mu podobají nejvíc.

Nicméně, ráj je místem, kde žije zločinec kající se v poslední minutě před svou smrtí na kříži a nachází se na předměstí nebe. Bude zde žít mnoho dalších lidí, kteří získají ostudné spasení. Tito lidé přijali Ježíše Krista, ale neučinili krok dopředu, aby se duchovně změnili.

Proč vstoupil kajícný zločinec do ráje?

Ve svém srdci čestně uznal, že je hříšník a přijal Ježíše jako svého Spasitele. Nicméně, nezbavil se svých hříchů, nežil podle Božího slova ani neevangelizoval ostatní. Nepracoval pro Pána.

Neudělal nic pro to, aby získal jakoukoliv nebeskou cenu. To je důvod, proč vstoupil do ráje, nejnižšího místa v nebi.

Ježíšův sestup do horního podsvětí

I když Ježíš zločinci slíbil: "Dnes budeš se mnou v ráji," neznamená to, že Ježíš žije v nebi pouze v ráji. Ježíš, Král králů a Pán pánů, vládne a přebývá s Božími dětmi všude v nebi včetně ráje a nového Jeruzaléma. V tomto významu přebývá v ráji stejně jako na jiných místech v nebi.

Když Ježíš řekl spasenému zločinci: "Dnes budeš se mnou v ráji," "dnes" se jednoduše nevztahuje k určitému dni, kdy Ježíš zemřel na kříži nebo k jinému konkrétnímu dni. Ježíš tím myslel, že bude s kajícným zločincem kdekoli, kde zločinec bude od chvíle, kdy se stal Božím dítětem.

Když se podíváte do Bible, zjistíte, že Ježíš po své smrti nešel do ráje. V Matoušovi 12:40 Ježíš povídá jednomu z farizejů: *"Jako byl Jonáš v břiše mořské obludy tři dny a tři noci, tak bude Syn člověka tři dny a tři noci v srdci země."* V Efezským 4:9 čteme: *"Co jiného znamená 'vystoupil,' než že předtím sestoupil dolů na zem?"*

Kromě toho 1 Petrův 3:18-19 říká: *"Vždyť i Kristus dal svůj život jednou provždy za hříchy, spravedlivý za nespravedlivé, aby nás přivedl k Bohu. Byl usmrcen v těle, ale obživen Duchem. Tehdy také přišel vyhlásit zvěst duchům ve vězení."* Než byl Ježíš třetího dne vzkříšen, šel do horního podsvětí a kázal evangelium duchům. Proč bylo toto nutné?

Než Ježíš přišel na tento svět, mnoho lidí ve starozákonní

době a dokonce i v novozákonní době nemělo příležitost slyšet evangelium, ale žili řádně uznávajíce Boha. Znamená to, že všichni šli do pekla jen proto, že nevěděli, kdo je Ježíš? Bůh poslal svého jediného Syna na tento svět a každý, kdo ho přijme, bude spasen. Bůh by nezačal s tříbením člověka, aby spasil pouze ty, kdo přijmou Ježíše Krista po jeho ukřižování. Ti, kdo neměli šanci slyšet evangelium, ale žili s dobrým svědomím, budou ospravedlněni podle svého svědomí.

Na jednu stranu se tito lidé s dobrým srdcem shromažďují v "horním podsvětí." Na druhou stranu, "Hades" je místo, kde musejí žít špatné duše, dokud nenastane den soudu. Po svém ukřižování sešel Ježíš do horního podsvětí a kázal evangelium duchům, kteří evangelium neznali, ale žili s dobrým svědomím a stálo za to je spasit.

Není pod nebem jiného jména, zjeveného lidem, jímž by mohli být spaseni než Ježíš Kristus. To je důvod, proč Ježíš šel a kázal o sobě duchům, aby ho mohli přijmout a být spaseni.

Bible říká, že duchové spasení před Ježíšovým ukřižováním jsou zaneseni k Abrahamovi (Lukáš 16:22), ale po Ježíšově vzkříšení jsou zaneseni k Ježíši.

Spasení podle soudu svědomí

Před tím, než Ježíš přišel na tento svět šířit evangelium, žili dobří lidé tak, že následovali spravedlnost ve svém srdci. To je zákon svědomí. Dobří lidé nepáchali zlo, i když měli problémy a čelili těžkostem, protože poslouchali hlas svého srdce.

V Římanům 1:20 čteme: *"Jeho věčnou moc a božství, které*

jsou neviditelné, lze totiž od stvoření světa vidět, když lidé přemýšlejí o jeho díle, takže nemají výmluvu."

Pohledem na vesmír a na to, jak je všechno na zemi v souladu, lidé s dobrým srdcem věří, že existuje věčný život. To je důvod, proč nežijí podle své hříšné přirozenosti, ale ve strachu před Bohem se ovládají, aby nepropadli potěšením světa.

V Římanům 2:14-15 čteme: "*Jestliže národy, které nemají zákon, samy od sebe činí to, co zákon žádá, pak jsou samy sobě zákonem, i když zákon nemají. Tím ukazují, že to, co zákon požaduje, mají napsáno ve svém srdci, jak dosvědčuje jejich svědomí, poněvadž jejich myšlenky je jednou obviňují, jednou hájí.*"

Bůh dal zákon pouze Izraelitům, ale ne pohanům. Nicméně, je to jako kdyby pohané žili podle zákona, když žijí podle zákona ve svém srdci, svého svědomí, které obdrželi a praktikují sami. Nemůžete říct, že ti, kdo nevěří v Ježíše Krista, nemohou být spaseni, protože nikdy ve svém životě neslyšeli evangelium.

Mezi těmi, kdo zemřeli, aniž by znali Ježíše Krista, byli někteří lidé, kteří se dokázali ovládnout proti zlým myšlenkám kvůli svému čistému srdci. Tito lidé budou spaseni podle Božího soudu jejich svědomí.

Ženo, hle, tvůj syn!; Hle, tvá matka!

Apoštol Jan napsal, co viděl a slyšel u kříže, na kterém Ježíš visel. Bylo tam mnoho žen včetně Marie, Ježíšovy matky; Salome, sestry jeho matky; Marie, manželky Kleofáše; a Marie z

Magdaly. V Janovi 19:26-27 Ježíš povídá zarmoucené matce Marii, aby o Janovi smýšlela jako o svém synovi a říká Janovi, aby se o ni staral jako o svou matku:

Když Ježíš spatřil matku a vedle ní učedníka, kterého milloval, řekl matce: "Ženo, hle, tvůj syn!" Potom řekl tomu učedníkovi: "Hle, tvá matka!" V tu hodinu ji onen učedník přijal k sobě.

Proč Ježíš říkal Marii "ženo," ne "matko"?

Slovo "matka" nevyslovil Ježíš, ale zapsal jej apoštol Jan ze svého pohledu. Proč tedy Ježíš nazýval svou vlastní matku, která mu dala život "ženo"?

Když se podíváte do Bible, zjistíte, že Ježíš ji nenazýval "matko."

Například, v Janovi 2:1-11, na počátku své služby, Ježíš učinil první zázrak, kdy proměnil vodu ve víno. Tento zázrak se stal na svatbě v Káně Galilejské. Ježíš a jeho učedníci byli rovněž pozváni na svatbu. Když došlo víno, Marie Ježíšovi řekla: "Už nemají víno," protože věděla, že jako Boží Syn byl schopný proměnit vodu ve víno. Na to jí Ježíš odvětil: *"Co to ode mne žádáš! Ještě nepřišla má hodina"* (v. 4).

Ježíš odpověděl, že jeho čas ukázat se jako Mesiáš ještě nenastal, i když Marii bylo líto hostů, protože došlo víno. Proměna vody ve víno v duchovním pojetí znamená, že Ježíš prolije svou krev na kříži.

Ježíš o sobě prohlašoval, že přišel na tento svět jako náš

Spasitel, aby dokončil Boží plán pro lidské spasení na kříži. Proto říkal Marii "ženo," ne "matko."

Kromě toho, náš Spasitel Ježíš je Bůh v Trojici a Stvořitel. Bůh Stvořitel je tím, KTERÝ JE (Exodus 3:14) a on je první i poslední (Zjevení 1:17, 2:8). Z tohoto důvodu Ježíš nemá matku, a proto ji nazývá "ženo," ne "matko."

Mnoho Božích dětí dnes mluví o Marii jako o Ježíšově "svaté matce" nebo lidé dělají dokonce její sochy, které uctívají. Pochopte, že to je naprosto špatně, protože ona není matkou našeho Spasitele (Exodus 20:4).

Nebeské občanství

Ježíš utěšoval Marii, která byla velmi rozrušena jeho ukřižováním a pověděl svému milovanému učedníkovi Janovi, aby se o Marii postaral jako o svou matku. I když Ježíš trpěl na kříži strašnou bolestí, stále měl hluboký zájem o to, co se s Marií po jeho smrti stane. Zde můžete poznat jeho lásku.

Skrze Ježíšova třetí slova na kříži si můžeme uvědomit, že ve víře jsme všichni bratry a sestrami - Boží rodinou. V Matoušovi 12 je scéna, ve které k Ježíšovi přichází jeho rodina. Když Ježíšovi pověděli, že jeho matka a bratři stojí venku, říká zástupu:

> *On však odpověděl tomu, kdo mu to řekl: "Kdo je má matka a kdo jsou moji bratři?" Ukázal na své učedníky a řekl: "Hle, moje matka a moji bratři. Neboť kdo činí vůli mého Otce v nebesích, to je můj bratr, má sestra i matka" (Matouš 12:48-50).*

Jak roste vaše víra potom, co jste přijali Ježíše Krista, stává se váš smysl pro nebeské občanství jasnějším a milujete své bratry a sestry v Kristu více než svou biologickou rodinu. Pokud nejsou členové vaší rodiny Božími dětmi, vaše rodina nemůže trvat jako "rodina" navěky. Vaše rodinné vztahy skončí smrtí. Jestliže členové vaší rodiny nevěří v Ježíše Krista nebo nežijí podle Boží vůle, i když prohlašují, že věří v Boha, půjdou do pekla, protože mzdou hříchu je smrt (Matouš 7:21).

Vaše viditelné tělo se po smrti navrátí v prach, ale máte nesmrtelného ducha. Pokud si Bůh vezme vašeho ducha, budete pouze mrtvolou, která brzy shnije. Bůh Stvořitel učinil prvního člověka z prachu a vdechl mu v chřípí dech života, tak se stal jeho duch nesmrtelným. Je to Bůh, kdo dává život vašemu nesmrtelnému duchu a způsobuje, že se tělo navrací v prach. Proto je vaším skutečným Otcem.

Matouš 23:9 nám říká: *"A nikomu na zemi nedávejte jméno 'Otec' : jediný je váš Otec, ten nebeský."* To neznamená, že byste neměli milovat nevěřící ve své rodině. Je velmi důležité, abyste je opravdově milovali, kázali jim evangelium a vedli je k přijetí Ježíše Krista.

Eloi, Eloi, lema sabachtani?

Ježíš byl ukřižován na kříži ve tři hodiny a od šesti hodin přišla na celou zemi tma až do devíti hodin, kdy vydechl naposledy. Když to převedeme do moderního pojetí času, byl ukřižován v devět hodin ráno a o tři hodiny později, v poledne, přišla na celou zemi tma až do tří hodin odpoledne.

> *Když bylo poledne, nastala tma po celé zemi až do tří*
> *hodin. O třetí hodině zvolal Ježíš mocným hlasem:*
> *"Eloi, Eloi, lema sabachtani?", což přeloženo znamená:*
> *"Bože můj, Bože můj, proč jsi mne opustil?" (Marek*
> *15:33-34)*

O šest hodin později, v devět hodin, Ježíš zvolal k Bohu: "Eloi, Eloi, lema Sabachthani?" Toto jsou čtvrtá Ježíšova slova na kříži.

Ježíš byl vyčerpaný, neboť už visel na kříži šest hodin a pod prudkým pouštním sluncem z něj řinula krev a voda. Byl absolutně vyčerpaný. Proč tedy potom vykřikoval?

Každé ze sedmi Ježíšových slov pronesených na kříži má svůj duchovní význam. Pokud by je nebylo slyšet, byla by zbytečná. Sedm slov bylo určeno k tomu, aby byla jasně zapsána do Bible, aby tak mohl každý porozumět Boží vůli.

Proto těch sedm slov zvolal na kříži s veškerým svým úsilím, aby je ti okolo kříže mohli jasně slyšet a zapsat je.

Někdo říká, že Ježíš křičel ve zlosti k Bohu, protože musel přijít na tento svět v těle a zbytečně snášet velikou bolest. Nicméně, toto je naprostá lež.

Proč Ježíš zvolal: *"Eloi, Eloi, Lema Sabachthani?"*

Důvodem, proč přišel na tuto zemi, bylo zničit práci ďábla a otevřít pro nás dveře ke spasení.

A tak Ježíš uposlechl Boží vůli za cenu své vlastní smrti a zcela se obětoval. Před svým ukřižováním se ještě usilovněji modlil a jeho pot byl jako krůpěje krve padající na zem (Lukáš 22:42-44). Nesl své břemeno, plně si vědom utrpení, které bude snášet na kříži.

Snášel týrání a utrpení na kříži, protože znal Boží plán pro lidské bytosti. Jak tedy mohl mít vztek, když čelil své smrti? Jeho volání nebylo povzdechem ze zármutku nebo výtkou vůči Bohu. Ježíš měl své důvody, proč tak učinil.

Za prvé, Ježíš chtěl provolat k světu, že byl ukřižován, aby vykoupil všechny hříšníky z hříchu.

Chtěl, aby každý rozuměl, že opustil svou slávu v nebi a Bůh ho nijak nešetřil, třebaže byl jediným Božím Synem. Křičel, aby dal každému na srozuměnou, že trpěl strašlivou bolestí na kříži, aby spasil a vykoupil hříšníky z hříchu. Bible ukazuje, že byl zvyklý Boha nazývat "Otče můj," ale na kříži ho Ježíš nazývá "Bože můj." To proto, že Ježíš vzal na sebe kříž jménem hříšníků a hříšníci nemohou nazývat Boha "Otče."

V té chvíli upadl Ježíš u Boha v nemilost jako hříšník nesoucí všechny hříchy lidstva a neodvážil se nazvat Boha "Otče." Stejným způsobem nazýváte Boha "Abba Otče," když vnímáte oboustrannou lásku, ale oslovujete ho "Bože" místo "Otče," když jste od Boha daleko, protože hřešíte nebo máte slabou víru.

Bůh chce, aby se všichni lidé tím, že přijmou Ježíše Krista a budou kráčet ve světle, stali jeho skutečnými dětmi, které ho budou moci nazývat "Otče."

Za druhé, Ježíš chtěl varovat lidi, kteří neznají Boží vůli a stále žijí v temnotě. Bůh poslal svého jediného Syna Ježíše Krista na tento svět a dopustil, aby se mu vysmívali a ukřižovali jej jím stvoření lidé. Ježíš věděl, proč on, jeho vlastní Syn, upadl u Boha v nemilost, ale zástup, který ho ukřižoval, neznal Boží vůli. Aby neznalí pochopili Boží lásku, káli se a mohli se obrátit na cestu spasení, křičel: "Bože můj, Bože můj, proč jsi mne opustil?"

Žízním

Ve Starém zákoně existuje veliké množství proroctví o Ježíšově utrpení na kříži. V Žalmu 69:22 se říká: *"Do jídla mi dali žluč, když jsem žíznil, dali mi pít ocet."* Jak je v Žalmu předpovězeno, když Ježíš řekl: "Žízním," lidé namočili houbu do vinného octa, dali houbu na tyč z yzopu a vyzvedli ji Ježíšovi k ústům.

> *Ježíš věděl, že vše je již dokonáno; a proto, aby se až do konce naplnilo Písmo, řekl: "Žízním." Stála tam nádoba plná octa; namočili tedy houbu do octa a na yzopu mu ji podali k ústům (Jan 19:28-29).*

Dlouho předtím, než se Ježíš Kristus narodil v městě Betlémě, žalmista viděl ve vidění, že Ježíš bude ukřižován a zemře na kříži a napsal o tom. Ježíš řekl: "Žízním," aby se naplnilo Písmo.

Přemýšlejme o duchovním významu pátého Ježíšova slova na

kříži: "Žízním."

Ježíš ohlašuje svou duchovní žízeň

Mnoho lidí dokáže snést hlad, ale ne žízeň. Ježíš byl zcela vyčerpaný, protože byl přibitý na kříži už šest hodin a proléval svou krev pod sálajícím pouštním sluncem. Míra jeho žízně přesahovala veškerou vaši představivost.

Tímto nechci říci, že Ježíš řekl: "Žízním," protože nemohl snést svou žízeň. Věděl, že se v pokoji velmi brzy vrátí k Bohu.

Ve skutečnosti více trpěl duchovní žízní než tou fyzickou. Toto je Ježíšova silná touha po Božích dětech: "Žízním, neboť jsem prolil svou krev. Utište mou žízeň tím, že za mou krev zaplatíte."

Od Ježíšovy smrti na kříži uplynulo dva tisíce let, ale on nám stále říká, že žízní. Jeho žízeň pramenila z prolití jeho krve. Prolil svou krev, aby vám odpustil hříchy a dal vám věčný život.

Ježíš vám říká, že žízní, aby dal najevo svou ochotu spasit ztracené duše. Proto Boží děti, které jsou spaseny Ježíšovou krví, musí jeho krev nahradit.

Způsob, kterým můžete za jeho krev zaplatit a uhasit jeho žízeň, je odvést lidi z jejich nevědomé cesty do pekla do nebe.

Proto musíte být za Ježíše, který prolil svou krev, vděční a uhasit nyní jeho žízeň tím, že povedete lidi na cestu spasení.

Dokonáno jest

V Janovi 19:30 dostal Ježíš napít a řekl: "Dokonáno jest," naklonil svou hlavu a vypustil svého ducha. Ježíš houbu na tyči z yzopu přijal. Ne však proto, že nemohl snést svou žízeň. V jeho konání je duchovní význam.

Důvodem, proč Ježíš přišel na svět v těle, bylo být ukřižován na kříži za hříchy lidstva. Ve své veliké lásce k nám Ježíš naplnil zákon Starého zákona a nesl všechny hříchy a kletby lidských bytostí jejich jménem. Když lidé ve starozákonní době zhřešili, předkládali Bohu oběť v podobě zvířecí krve. Nicméně, Ježíš prolitím své krve přinesl jedinou oběť za hříchy na věčné časy (Židům 10:11-12). A tak jsou vám vaše hříchy odpuštěny, když přijmete Ježíše Krista, protože on vás už vykoupil. Vykupitelská milost skrze Ježíše Krista se vztahuje na nové víno a on pil vinný ocet, aby nám dal nové víno.

Duchovní význam slov "Dokonáno jest"

Ježíš řekl: "Dokonáno jest" a vypustil svého ducha. Jaký to má duchovní význam?

Ježíš se stal tělem, přišel na zem, kázal evangelium, uzdravoval všechny slabosti a nemoci a otevřel cestu spasení tím, že vzal na sebe kříž za všechny, kteří směřovali k smrti.

S láskou naplnil zákon Starého zákona, protože obětoval sám sebe až k smrti. Také zvítězil nad ďáblem, když zcela zničil jeho práci. Totiž, dokončil Boží plán pro lidské spasení. To je důvod, proč Ježíš na kříži řekl: "Dokonáno jest."

Bůh chce, aby jeho děti naplnily všechno tím, že budou žít podle Boží vůle, právě jako jeho jediný Syn Ježíš naplnil všechny prozíravosti spasení tím, že poslechl svého Otce až do té míry, že obětoval svůj život podle vůle a plánu Boha.

A tak musíte nejprve napodobit srdce vašeho Pána tím, že získáte duchovní lásku: ponesete devět druhů ovoce Ducha svatého (Galatským 5:22-23) a dosáhnete blahoslavenství (Matouš 5:3-10). Potom musíte být věrni práci, kterou vám Pán dal. Musíte dovést k Pánu co nejvíce lidí, a to naléhavými modlitbami, kázáním evangelia a službou ve své církvi.

Doufám, že každý z vás, drahých Božích dětí, přemůže svět svou pevnou vírou, nadějí v nebe a láskou k Bohu a vyzná: "Dokonáno jest" svou poslušností Boha a jeho vůle způsobem, který nám ukázal náš Pán Ježíš Kristus.

Otče, do tvých rukou odevzdávám svého ducha

Ve chvíli, kdy vyřkl tato svá poslední slova na kříži, byl Ježíš naprosto vyčerpán. V tomto stavu Ježíš zvolal mocným hlasem: "Otče, do tvých rukou odevzdávám svého ducha."

A Ježíš zvolal mocným hlasem: "Otče, do tvých rukou odevzdávám svého ducha." Po těch slovech skonal (Lukáš 23:46).

Možná jste si povšimli, že Ježíš nazval Boha "Otče" namísto "Bože můj." To naznačuje, že Ježíš nyní dokončil své poslání jako oběť usmíření.

Ježíš svěřil svého ducha a duši Bohu

Proč Ježíš, který přišel na zem jako náš Spasitel, svěřuje svého ducha a duši do rukou svého Otce?

Člověk se skládá z ducha, duše a těla (1 Tesalonickým 5:23). Když zemře, jeho duch a duše opouštějí tělo. Pokud je Božím dítětem, jeho duch a duše se navracejí po bok Boha. Jinak jdou jeho duch a duše do pekla (Lukáš 16:19-31). Tělo je spáleno a navrací se v prach.

Ježíš, Boží Syn, se stal tělem a přišel na tento svět. Měl ducha, duši a tělo tak jako my. Když byl ukřižován, jeho tělo zemřelo, ale ne jeho duch a duše; svěřil svého ducha a duši do Božích rukou.

Když zemřete, Bůh přijímá jak vašeho ducha, tak vaši duši. Pokud by Bůh přijímal pouze ducha, ale ne duši, nikdy byste v nebi nezakusili skutečné štěstí ani byste nemohli být vděčni až do hloubi svého srdce. Proč? Nepamatovali byste si věci, které vycházejí z vaší duše jako slzy, žal, bolest a další věci, které jste snášeli na této zemi. To je důvod, proč Bůh přijímá jak ducha, tak duši.

Proč tedy Ježíš svěřil svého ducha a duši Bohu? To proto, že Bůh je Stvořitel, který vládne nade vším ve vesmíru a stará se o váš život, smrt, prokletí a požehnání. A tak všechno patří Bohu a je pod jeho svrchovaností. Bůh je jediný, kdo odpovídá na vaše modlitby. A tak se Ježíš sám musel modlit, aby svěřil svého ducha a svou duši Bohu Otci (Matouš 10:29-31).

Ježíš se modlil mocným hlasem

Proč se Ježíš modlil mocným hlasem, třebaže byl uprostřed velkého utrpení: "Otče, do tvých rukou odevzdávám svého ducha"?

To proto, že chtěl, aby ho lidé slyšeli a věděli, že volání v modlitbách byla Boží vůle. Jeho modlitba kvůli svěření jeho ducha Bohu byla tak naléhavá jako modlitba v Getsemane krátce před jeho zatčením.

Ježíšova modlitba: "Otče, do tvých rukou odevzdávám svého ducha" rovněž dokazuje, že Ježíš naplnil všechno podle Boží vůle. A tak nyní mohl svěřit svého ducha Bohu hrdým způsobem potom, co dokončil svou práci v plné poslušnosti Boha.

Apoštol Pavel vyznal: *" Dobrý boj jsem bojoval, běh jsem dokončil, víru zachoval. Nyní je pro mne připraven vavřín spravedlnosti, který mi dá v onen den Pán, ten spravedlivý soudce. A nejen mně, nýbrž všem, kdo s láskou vyhlížejí jeho příchod"* (2 Timoteovi 4:7-8).

Diákon Štěpán rovněž žil podle Boží vůle a zachoval svou víru. Proto se, když naposledy vydechl, mohl modlit: "Pane Ježíši, přijmi mého ducha" (Skutky 7:59). Apoštol Pavel a Štěpán by se nemohli modlit tímto způsobem, pokud by žili světským životem a věnovali se potěšením pramenícím z hříšné povahy.

Podobně i vy můžete hrdě říci: "Dokonáno jest" a "Otče, do tvých rukou odevzdávám svého ducha" stejným způsobem jako Ježíš, pokud jste žili pouze podle vůle Boha Otce.

Co se stalo po Ježíšově smrti?

Ježíš zemřel na kříži poté, co zvolal mocným hlasem svá poslední slova. Bylo devět hodin (tři hodiny odpoledne). I když byl den, nastala od šesti hodin (poledne) do devíti hodin po celé zemi tma a chrámová opona se roztrhla v půli (Lukáš 23:44-45).

A hle, chrámová opona se roztrhla v půli odshora až dolů, země se zatřásla, skály pukaly, hroby se otevřely a mnohá těla zesnulých svatých byla vzkříšena; vyšli z hrobů a po jeho vzkříšení vstoupili do svatého města a mnohým se zjevili (Matouš 27:51-53).

Slova "chrámová opona se roztrhla v půli odshora až dolů" mají důležitý duchovní význam. Dlouhá chrámová opona měla oddělovat svaté místo od svatyně. Na svaté místo nemohl kromě kněze nikdo vstoupit a pouze velekněz mohl vstoupit jednou za rok do svatyně.

Roztržení chrámové opony naznačuje, že Ježíš předložil sám sebe jako oběť smíření, aby zbořil hradbu z hříchů. Předtím, než byla chrámová opona roztržena v půli, velekněz přinášel jménem lidí oběti za hřích a zprostředkovával je Bohu.

Protože hradba z hříchů byla Ježíšovou smrtí zbořena, můžete mít přímý vztah s Bohem. A tak kdokoliv věří v Ježíše Krista, může vstoupit do svatyně, uctívat Boha a modlit se k němu, aniž by k tomu potřeboval zprostředkovatele v podobě velekněze nebo proroka.

Proto autor listu Židům poznamenává: *"Protože Ježíš obětoval svou krev, smíme se, bratří, odvážit vejít do svatyně cestou novou a živou, kterou nám otevřel zrušením opony - to jest obětováním svého těla"* (Židům 10:19-20).

Navíc se zatřásla země a skály pukaly. Všechny tyto neobvyklé události vypovídají, že se otřásla veškerá příroda na tomto světě. Bylo to spodobnění Božího zármutku nad lidskou špatností. Bůh vyjádřil, že byl hluboce zraněn, protože lidské srdce bylo příliš tvrdé na to, aby přijalo Ježíše Krista, třebaže dal svého jediného Syna, aby lidi spasil.

Hroby se otevřely a mnohá těla zesnulých svatých byla vzkříšena. Je to důkaz o vzkříšení, takže komukoliv, kdo uvěří v Ježíše Krista, je odpuštěno a žije znovu.

Proto doufám, že rozumíte duchovnímu významu a lásce našeho Pána obsažených v posledních sedmi slovech pronesených na kříži, takže můžete vést vítězný křesťanský život a toužit po tom, až se Pán znovu objeví podobně jako praotcové víry.

Kapitola 8

OPRAVDOVÁ VÍRA
A VĚČNÝ ŽIVOT

- Jak nesmírné tajemství to je!
- Falešné vyznání nevede ke spasení
- Tělo a krev Syna člověka
- Odpuštění pouze skrze chození ve světle
- Víra doprovázená skutky je opravdová
  víra

"Kdo jí mé tělo a pije mou krev, má život věčný a já ho vzkřísím v poslední den. Neboť mé tělo je pravý pokrm a má krev pravý nápoj. Kdo jí mé tělo a pije mou krev, zůstává ve mně a já v něm. Jako mne poslal živý Otec a já mám život z Otce, tak i ten, kdo mne jí, bude mít život ze mne.

Jan 6:54-57

Rozhodujícím cílem víry v Ježíše Krista a navštěvování církve je být spasen a získat věčný život. Nicméně, mnoho lidí si myslí, že bude spaseno jen tím, že budou v neděli chodit do církve a říkat, že věří v Ježíše Krista, aniž by žili podle Božího slova.

Samozřejmě, jak se říká v Galatským 2:16: *"Víme však, že člověk se nestává spravedlivým před Bohem na základě skutků přikázaných zákonem, nýbrž vírou v Krista Ježíše. I my jsme uvěřili v Ježíše Krista, abychom došli spravedlnosti z víry v Krista, a ne ze skutků zákona. Vždyť ze skutků zákona 'nebude nikdo ospravedlněn,'"* nemůžete vstoupit do nebe nebo být ospravedlněni pouze tím, že navenek dodržujete zákon, zvláště, když je vaše srdce plné špatnosti. Nemáte žádný vztah s Ježíšem Kristem, pokud se stále dopouštíte hříchů a nenásledujete Boží slovo ani poté, co jste se z něj poučili.

Proto byste si měli uvědomit, že je pro vás obtížné dojít spasení pouze tím, že budete svou víru hlásat svými ústy. Krev Ježíše Krista vás očišťuje od vašich hříchů, abyste byli spaseni pouze, když kráčíte ve světle a žijete v pravdě. Měli byste mít opravdovou víru doprovázenou skutky (1 Janův 1:5-7).

Nyní mi dovolte hlouběji uvažovat nad tím, jak dosáhnout opravdové víry, abyste získali úplné spasení a věčný život jako pravé Boží děti.

Jak nesmírné tajemství to je!

V Efezským 5:31-32 čteme: *"Proto opustí muž otce i matku a připojí se k své manželce, a budou ti dva jedno tělo. Je to velké tajemství, které vztahuji na Krista a na církev."*

Když lidé dospějou, je obvyklé, že opustí své rodiče a připojí se ke svému manželovi nebo manželce. Proč tedy potom Bůh řekl, že to je nesmírné tajemství? Pokud tento verš interpretujete a chcete mu rozumět doslova, nebudete vědět, co tímto "nesmírným tajemstvím" je, ale jestliže si uvědomíte duchovní význam skrytý za ním, budete naplněni radostí.

Slovo "církev" zde má na mysli Boží děti, které obdržely Ducha svatého. Totiž, Bůh přirovnal vztah mezi Ježíšem Kristem a věřícími ke vztahu mezi mužem a ženou, kteří jsou jedno.

Jak můžete opustit svět a připojit se ke svému ženichovi Ježíši Kristu?

Pokud přijmete Ježíše Krista vírou

Vzhledem k tomu, že první člověk Adam spáchal hřích neposlušnosti vůči Bohu, vstoupil hřích na tento svět. Všichni jeho potomci se stali otroky hříchu a dětmi nepřítele ďábla, který vládne nad tímto světem.

Předtím, než jste přijali Ježíše Krista, patřili jste tomuto světu a nepříteli ďáblu, který má moc nad tímto světem temnoty. Toto bylo potvrzeno v Janovi 8:44, kde čteme: *"Váš otec je ďábel a vy chcete dělat, co on žádá. On byl vrah od počátku a nestál v pravdě, poněvadž v něm pravda není. Když mluví, nemůže jinak než lhát, protože je lhář a otec lži,"* a v 1 Janově 3:8, kde se říká: *"Kdo však se dopouští hříchu, je z ďábla, protože ďábel od počátku hřeší."*

Nicméně, když přijmete Ježíše Krista za svého Spasitele a vyjdete na světlo, obdržíte autoritu Božího dítěte a budete osvobozeni od hříchů, protože vaše hříchy vám byly odpuštěny skrze krev Ježíše Krista.

Pokud máte víru, že vás Ježíš Kristus vykoupil z vašich hříchů tím, že na sebe vzal kříž, Bůh vám dává Ducha svatého jako dar a Duch svatý dává vzniknout duchu ve vašem srdci. Duch svatý vám říká a vyučuje vás o Boží vůli pro vás, abyste se chovali a žili v pravdě.

Stanete se pak Božími dětmi vedenými Duchem Božím v němž voláte: "Abba, Otče" (Římanům 8:14-15) a zdědíte nebeské království.

Jak skvělé a záhadné je, že se děti ďábla, které kdysi měly připadnout věčné smrti, staly Božími dětmi, které jsou skrze víru vedeny do nebe!

Když jste s Ježíšem Kristem spojeni vírou v něho, Duch svatý přichází do vašeho srdce a je spojen se semínkem života. Bůh stvořil prvního člověka z prachu a vdechl mu v chřípí dech života. Dech života je semínko života, život sám. A tak nemůže nikdy zemřít a je předáváno potomkům skrze spermie a vajíčka lidských bytostí z jedné generace na druhou.

Toto semínko života je obaleno srdcem. Potom, co Bůh stvořil Adama, zasadil do jeho srdce poznání života, poznání ducha. Způsob, jakým se novorozeně musí učit poznání tohoto světa, aby se stalo kulturním a charakterním člověkem a žilo jako lidská bytost. Živý tvor potřebuje poznání života, aby se stalo opravdovým živým tvorem, i když už je životem samotným.

Adam byl kdysi naplněn pouze poznáním ducha, totiž pravdou. Nicméně, potom co neuposlechl Boha, byla komunikace s Bohem přerušena. Potom začal postupně ztrácet poznání ducha a v jeho srdci se usídlila nepravda.

Od té doby se srdce, které bylo naplněno pouze pravdou, začalo plnit dvěma částmi: pravdou a nepravdou. Například, Adam měl ve svém srdci lásku, ale nepřítel ďábel do něj zasel nepravdu jménem nenávist. Důsledkem toho, jak můžete vidět v Genesis 4, Kain, kterému dal Adam život až po spáchání hříchu, zabil ze závisti a žárlivosti svého bratra Ábela.

Jak šel čas, začala se v srdci vyvíjet další část, která byla naplněna pravdou i nepravdou. Tato část se nazývá "povaha." Od svých rodičů jste zdědili charakter a vlastnosti. Do své mysli jste přivedli to, co jste viděli, slyšeli a naučili se spolu se svými pocity. Tyto dvě části vytvářejí "povahu" v hledání pravdy.

Tato povaha se často nazývá "svědomí" a tvoří se velmi rozdílně v závislosti na typu lidí, se kterými se setkáváte, knihách, které čtete a okolnostech, za kterých jste byli vychováváni. Například, při pohledu na stejnou událost nebo jednotlivce někdo řekne: "To je špatné," zatímco někdo jiný možná řekne: "To je dobré" nebo "To patří k tomu lepšímu, co jsem viděl."

Proto, když rozebíráte něčí srdce, je zde pravdivá část, která patří Bohu, nepravdivá část, která nám byla dána satanem a povaha vytvořená jako výsledek těchto dvou částí.

Duch svatý spojený se semínkem života v srdci

V Adamově případě tyto tři části obalovaly semínko života, které mu dal Bůh do srdce. Tento stav nastal, když se Boží slova "Propadneš smrti" naplnila potom, co Adam pojedl ze stromu poznání dobrého a zlého. Třebaže je zde semínko života, pokud nefunguje, neodlišuje se tento stav od stavu smrti.

Například, když na pole zasejete semínka, ne všechna vyklíčí, protože některá jsou již mrtvá. Avšak, pokud jsou semínka živá, jistě vyklíčí.

S lidskými bytostmi je to stejné. Pokud by semínko života, které nám dal Bůh, bylo úplně mrtvé a nemohlo by ožít, nebylo by zapotřebí, aby Bůh připravil Ježíše Krista pro spasení lidských bytostí nebo učinil nebe a peklo.

Nicméně, semínko života dané člověku, když mu Bůh vdechl dech života, je věčné. Když přijmete evangelium, semínko života ožije; čím větší je pravdivá část ve vašem srdci, tím snadněji můžete přijmout evangelium. Kdokoliv uslyší poselství kříže a přijme Ježíše Krista, dostane Ducha svatého. V této chvíli je semínko života ve vašem srdci spojeno s Duchem svatým.

Naopak, lidé se svědomím sežehnutým jako rozpáleným železem, v něm nemají žádné místo pro evangelium, protože nepravdivá část srdce zcela obaluje a skrývá semínko života v jejich srdcích. Semínko života, které bylo ve stavu smrti, získá moc vykonat svou funkci, když se sloučí s velikou Boží mocí, Duchem svatým.

Stát se duchovním člověkem

Když navštěvujete bohoslužby, uskutečňujete Boží slovo a modlíte se, přichází na vás Boží milost a velká moc a umožňuje vám následovat přirozenost Ducha svatého.

Skrze tento proces se vaše srdce a duch stávají jedno, protože se vaše srdce stává stále více pravdivějším, když odstraňuje nepravdu a naplňuje se pravdou. Jestliže se něčí srdce zcela naplní poznáním ducha a pravdy, je samo duchem, a to ve smyslu, jak tomu bylo u prvního člověka Adama.

I když můžete vypadat, že věříte, pokud se nemodlíte, jednáte podle své přirozenosti. Duch svatý ve vás nemůže dát život duchu a vy jste stále člověkem těla. Navíc, třebaže se velmi horlivě nebo po dlouhou dobu modlíte, nemůžete následovat přirozenost Ducha svatého, pokud neskoncujete se svými vlastními myšlenkami a argumenty. Proto nemůžete být proměněni v duchovního člověka.

Duch svatý vám umožňuje přemýšlet podle pravdy ve vašem srdci. Totiž, žít usilováním o touhy Ducha svatého. Satan funguje stejným způsobem, aby vás dovedl na cestu zkázy tak, že vás svádí k následování vašich tělesných myšlenek do té míry, do jaké máte ve svém srdci nepravdu.

Proto se musíte zbavit svých tělesných myšlenek i pokrytectví, jak se říká v 2 Korintským 10:4-5: *"Jimi boříme lidské výmysly a všecko, co se v pýše pozvedá proti poznání Boha. Uvádíme do poddanství každou mysl, aby byla poslušna Krista."*

Když posloucháte Boží slovo, říkáte "Ano" a následujete

touhy Ducha svatého, vaše srdce může být naplněno pouze pravdou a pak se můžete stát dokonale posvěceným duchovním člověkem.

Můžete dostat, o cokoliv si řeknete

Když odhodíte všechnu nepravdu, skoncujete s "pokrytectvím" tak, že umožníte Duchu svatému dát život duchu a učiníte své srdce tak čistým jako je srdce vašeho Pána Ježíše Krista, stanete se s Pánem jedno.

Muž a žena se stanou jedním tělem a dají život dítěti spojením spermie a vajíčka. Stejně tak, když vyjdete ze světa a stanete se jedno s Ježíšem Kristem, vaším ženichem, tím, že ho přijmete, dáte s Duchem svatým život duchu a jako Boží dítě obdržíte hojné požehnání.

Jak se říká v Římanům 12:3, existují měřítka víry a vy získáte odpovědi podle těchto měřítek. V 1 Janově 2:12 a dál se růst ve víře přirovnává k procesu dospívání lidské bytosti.

Ti, kdo přijmou Ježíše Krista, obdrží Ducha svatého a jsou spaseni, mají víru malých dětí (1 Janův 2:12). Ti, kdo zkoušejí uvádět pravdu v čin, mají víru dětí (1 Janův 2:14). Když z tohoto období vyrostou a skutečně uvádějí pravdu v čin, mají víru mládenců (1 Janův 2:13). Pokud dospějí ještě více, mají víru otců (1 Janův 2:13).

Ve Starém zákoně se dočtete o Jóbovi, kterého Bůh uznával jako bezúhonného a spravedlivého člověka. Když ho ale satan vyzval, Bůh dovolil satanovi Jóba vyzkoušet. Nejprve Jób trval na tom, že je spravedlivý. Nicméně, brzy si uvědomil svou špatnost a kál se před Bohem, když byla špatnost v jeho povaze odhalena zkouškou. Jóbovo pokrytectví bylo zlomeno a jeho srdce se v Božích očích stalo spravedlivým a čistým. Až potom mu mohl Bůh požehnat dvakrát hojněji než dříve.

Stejně tak, jestliže obdržíte míru otcovské víry, což je nejvyšší stadium víry, tak, že skoncujete se svým vlastním pokrytectvím a stanete se s vaším Pánem jedno, můžete získat přehojné požehnání jako Boží dítě. Toto vám Bůh přislíbil v 1 Janově 3:21-22: *"Moji milí, jestliže nás srdce neobviňuje, máme svobodný přístup k Bohu; oč bychom ho žádali, dostáváme od něho, protože zachováváme jeho přikázání a činíme, co se mu líbí."*

Jako Boží dítě se můžete těšit z požehnání

Tímto způsobem se s Ježíšem Kristem stanete jedno do té míry, že se stanete duchovními lidmi. Když se s Bohem stanete jedno, obdržíte rovněž tolik požehnání, do jaké míry uskutečňujete Boží spravedlnost.

V Janovi 15:7 Ježíš přislíbil: *"Zůstanete-li ve mně a zůstanou-li má slova ve vás, proste, oč chcete, a stane se vám."* V Janovi 17:21 nám řekl: *"Aby všichni byli jedno jako ty, Otče, ve mně a já v tobě, aby i oni byli v nás, aby tak svět uvěřil, že jsi mě poslal."*

Stejně tak, pokud jste spojeni s Pánem tím, že jste odešli z tohoto světa, který je ovládán ďáblovou mocí tmy, stanete se jedno s vaším Bohem Otcem. V Galatským 4:4-7 čteme ohledně tohoto následující:

Když se však naplnil stanovený čas, poslal Bůh svého Syna, narozeného z ženy, podrobeného zákonu, aby vykoupil ty, kteří jsou zákonu podrobeni, tak abychom byli přijati za syny. Protože jste synové, poslal Bůh do našich srdcí Ducha svého Syna, Ducha volajícího "Abba. Otče!" A tak už nejsi otrok, nýbrž syn, a když syn, tedy z moci Boží i dědic.

Způsobem, kterým lidé dědí majetek od svých rodičů, zdědíte Boží království, když se stanete jeho dítětem tím, že přijmete Ježíše Krista. Totiž, ďáblovy děti zdědí od ďábla peklo a Boží děti zdědí od Boha nebe.

Nicméně, musíte mít na mysli, že ti, kdo nedají skrze Ducha svatého život duchu, musí jít do pekla, protože nebe je čisté místo naplněné pouze pravdou a do té míry, do jaké vzkvétá váš duch a stává se s Bohem jedno, získáte v nebi slávu spočívat blíže k Bohu.

Proto doufám, že získáte požehnání věčného života tím, že přijmete svého ženicha Ježíše Krista a stanete se s Pánem Ježíšem a Bohem Otcem jedno, když odhodíte všechnu nepravdu a opustíte pokrytectví. Tímto způsobem můžete dát všechnu slávu Bohu.

Falešné vyznání nevede ke spasení

Ježíš Kristus se stává vaším skutečným ženichem, který vás vede na cestu věčného života a požehnání, pokud jste s ním spojeni skrze víru. Pokud se vaše srdce podobá srdci vašeho ženicha Ježíše Krista a dosáhnete dokonalé víry, nezdědíte pouze nebeské království, ale budete v něm také zářit jako slunce.

Když si pozorně čtete Bibli, zjišťujete, že někteří lidí, kteří tvrdili, že věří v Boha, nejsou spaseni. V Matoušovi 25 je podobenství o deseti družičkách. Pět rozumných družiček, které si připravily olej, bylo spaseno, ale ostatních pět pošetilých družiček nemohlo být spaseno.

Stejně tak Bůh v Bibli jasně říká, kdo může a nemůže být spasen, třebaže každý může prohlašovat, že má víru. Potom tedy víte, jaký život musíte žít, abyste byli spaseni.

V Matoušovi 7:21 se jasně říká: *"Ne každý, kdo mi říká 'Pane, Pane,' vejde do království nebeského; ale ten, kdo činí vůli mého Otce v nebesích."* Pokud voláte k Ježíši 'Pane, Pane,' znamená to, že věříte, že Ježíš je Kristus. Nicméně, nemůžete být spaseni pouze tím, že budete volat Pánovo jméno a v neděli chodit do církve.

Ti, kdo páchají zlo, nemohou být spaseni

V Matoušovi 13:40-42 vám Bůh říká o soudu:

Tak jako se tedy sbírá plevel a pálí ohněm, tak bude i při skonání věku. Syn člověka pošle své anděly, ti vyberou z jeho království každé pohoršení a každého, kdo se dopouští nepravosti, a hodí je do ohnivé pece; tam bude pláč a skřípění zubů.

Když farmář sklízí úrodu, shromažďuje pšenici do své stodoly, ale plevel nechává spálit ohněm. Stejným způsobem vám Bůh říká, že ti, kdo nejsou v Božích očích spravedliví, musí čelit potrestání.

"Všechno, co způsobuje hřích" se vztahuje na všechny, kdo tvrdí, že věří v Boha, ale svádějí bratry a sestry ve víře a způsobují, že oni pak ztrácejí víru. A tak nebudete spaseni, pokud podněcujete lidi ke hříchu a pácháte zlo.

Co je tedy potom zlo? V 1 Janově 3:4 čteme: *"Každý, kdo se dopouští hříchu, jedná i proti zákonu Božímu, neboť hřích je porušení zákona."*

Tak jako má každá země svou vlastní sbírku zákonů, existuje i v Božím království duchovní právo. Zákonem duchovního světa je Boží slovo zapsané v Bibli. Kdokoliv poruší Boží slovo, je odsouzen stejným způsobem jako je ten, kdo přestoupí zákon, stíhán podle zákona. Proto je porušení Božího slova zlo a hřích.

Boží zákon může být do značné míry rozdělen do čtyř kategorií: věci, které máme "dělat," "nedělat," "dodržovat" a "zavrhovat." Protože Bůh je světlo, říká svým dětem, aby dělaly to, co je správné, nedělaly to, co je špatné, dodržovaly povinnosti Božích dětí a zavrhovaly to, co Bůh nenávidí, protože on chce, aby jeho děti žily ve světle.

V Deuteronomiu 10:12-13 nás Bůh nabádá: *"Nyní tedy, Izraeli, co od tebe požaduje Hospodin, tvůj Bůh? Jen aby ses bál Hospodina, svého Boha, chodil po všech jeho cestách, miloval ho a sloužil Hospodinu, svému Bohu, celým svým srdcem a celou svou duší, abys dbal na Hospodinova přikázání a nařízení, která ti dnes udílím, aby s tebou bylo dobře.''* Na jednu stranu, pokud uvedete Boží slovo v čin, obdržíte požehnání. Na druhou stranu, pokud nežijete podle Božího slova, získáte věčnou smrt kvůli zlu a hříchu.

Galatským 5:19-21 zmiňuje skutky těla:

> *Skutky lidské svévole jsou zřejmé: necudnost, nečistota, bezuzdnost, modlářství, čarodějství, rozbroje, hádky, žárlivost, vášeň, podlost, rozpory, rozkoly, závist, opilství, nestřídmost a podobné věci. Řekl jsem už dříve a říkám znovu, že ti, kteří takové věci dělají, nebudou mít podíl na království Božím.*

"Necudnost" se vztahuje na všechny druhy sexuální nečistoty a na nesetrvávající zdrženlivost včetně sexuálního vztahu před uzavřením manželství. "Nečistota" zde znamená neukázněné činy mimo zdravý rozum vyplývající z hříšné přirozenosti.

"Bezuzdnost" je, když vždy následujete svou hříšnou, sexuální necudnost a žijete cizoložnými slovy a skutky. "Modlářství" je uctívání předmětů, které jsou vyrobeny za zlata, stříbra, bronzu nebo jiného materiálu nebo když cokoliv milujete více než Boha.

"Čarodějnictví" je někoho nalákat chytrými lžemi. "Rozbroje" znamenají touhu po ničení jiných lidí z nepřátelství, protikladu lásky. "Hádky" se týkají činů, kterými se snažíme získat vlastní prospěch a autoritu. "Žárlivost" znamená nenávidět jinou osobu, protože cítíte, že je lepší než vy sami. "Vášeň" neznamená se pouze rozzlobit, ale způsobit druhým škodu kvůli extrémnímu hněvu.

"Podlost" se týká vytvoření oddělené skupiny nebo odnože a následování práce satana, protože nesouhlasíte s ostatními. "Rozpory" znamenají vytvořit stranu a oddělit se následováním svých vlastních myšlenek, ne myšlenek Ducha svatého. "Rozkoly" se vztahují na zapření Boží trojice a Ježíše, který přišel v těle, prolil svou krev, aby vykoupil lidské bytosti a stal se Kristem.

"Závist" znamená někoho poškodit nebo proti němu vykonat zlé činy kvůli žárlivosti. "Opilství" je skutek vyznačující se popíjením alkoholu a "nestřídmost" neznamená pouze se opíjet, požitkářsky žít a nedostatečně se ovládat, ale rovněž selhávat v řádném provádění svých povinností jako choť nebo rodič.

Kromě toho, výraz "podobné věci" znamená, že existuje mnoho hříšných skutků podobných těmto a ti, kdo tyto skutky konají, nebudou spaseni.

Hříchy, které jsou k smrti a hříchy, které nejsou k smrti

Na tomto světě se "hříchem" myslí takový "hřích," jehož výsledek je zřejmý a fyzické poškození jiné strany je podpořeno řádným důkazem. Nicméně, Bůh, který je světlem, nám říká, že ne pouze hříšné činy, ale také všechna tma, která je proti světlu, je hříchem.

I když nejsou odhaleny nebo dosvědčeny, všechny hříšné touhy ve vašem srdci jako nenávist, závist, žárlivost, žádostivost, souzení druhých, odsuzování, bezcitnost a nečestné myšlenky jsou zlé a stejně tak hříchem.

Proto nám Bůh říká: *"Já však vám pravím, že každý, kdo hledí na ženu chtivě, již s ní zcizoložil ve svém srdci"* (Matouš 5:28) a *"Kdokoliv nenávidí svého bratra, je vrah - a víte, že žádný vrah nemá podíl na věčném životě"* (1 Janův 3:15). Kromě toho se v Římanům 14:23 říká: *"Ten však, kdo pochybuje, byl by odsouzen, kdyby jedl, neboť by to nebylo z víry. A cokoli není z víry, je hřích"* a v Jakubově listu 4:17 čteme: *"Každá taková chlouba je zlá. Kdo ví, co je činit dobré, a nečiní, má hřích."* Proto si uvědomte, že nedělat to, co Bůh chce a přikazuje, je hřích a proti zákonu.

Nicméně, zemřou všichni lidé, jestliže páchají tyto hříchy? Musíte si uvědomit, že pokud někdo, kdo by předtím lhal, se nyní modlí a zkouší se stát pravdomluvným člověkem, znamená to, že žije ve víře. Třebaže ještě neodhodil všechnu nečestnost ve svém srdci kvůli své slabé víře, není pravda, že nebude kvůli tomuto hříchu spasen.

1 Janův 5:16-17 nám říká: *"Vidí-li někdo, že jeho bratr se dopouští hříchu, který není k smrti, ať za něho prosí; a Bůh mu daruje život, jestliže nehřešil k smrti. Jest ovšem hřích, který je k smrti; o takovém neříkám, abyste za něj prosili. Každá nepravost je hřích, ale je i hřích, který není k smrti."*

Hříchy jsou obecně rozděleny do dvou kategorií: ty, které vedou k smrti a ty, které nevedou k smrti. Ti, kdo páchají hříchy, které nevedou k smrti, mohou být spaseni, pokud je povzbudíte, budete se za ně modlit a pomůžete jim se z hříchů kát. Avšak, jestliže se někdo dopouští hříchů, které vedou k smrti, nemůže být spasen, i kdybyste se za něj modlili.

Lidé pokládají za čestné občas lhát pro svůj vlastní prospěch nebo provádět mnoho nepoctivých skutků, když skutky samotné neublíží jiným lidem. Když pochopíte pravdu, přijdete na to, že jste byli hříšníky, ačkoliv jste si před tím, než jste uvěřili v Boha, mysleli, že jste žili poctivým životem. Bůh vám neukazuje pouze hříchy, které jsou viditelné, ale také zlé myšlenky ve vašem srdci, jež jsou hříchy.

Všechna provinění jsou hříchy a mzdou hříchu je smrt. Nicméně, Ježíš Kristus vám odpustil všechny vaše hříchy v minulosti, současnosti a budoucnosti tím, že prolil svou krev na kříži. Existují hříchy, které mohou být odpuštěny mocí Ježíšovy krve, když se kajete a odvrátíte se od nich. To jsou hříchy, které nevedou k smrti.

Pokud se nekajete, ale stále hřešíte, vaše svědomí se zatvrdí. Nakonec, jestliže se pak dopustíte hříchu, který vede k smrti, nemůžete dostat ducha pokání. Tudíž vám vaše hříchy nemohou být odpuštěny, i když se pokoušíte o pokání.

Podívejme se na tři druhy hříchů, které vedou k smrti: rouhání proti Duchu svatému, opakované vystavování Syna Božího veřejnému posměchu a úmyslné hřešení.

Rouhání proti Duchu svatému

Existují tři způsoby rouhání proti Duchu svatému. Rouhání proti Duchu se dopouštíte, když mluvíte proti Duchu svatému, když odporujete práci Ducha svatého a když Ducha svatého uvádíte v posměch.

Proto pravím vám, že každý hřích i rouhání bude

lidem odpuštěno, ale rouhání proti Duchu svatému nebude odpuštěno. I tomu, kdo by řekl slovo proti Synu člověka, bude odpuštěno; ale kdo by řekl slovo proti Duchu svatému, tomu nebude odpuštěno v tomto věku ani v budoucím (Matouš 12:31-32).

Každému, kdo řekne slovo proti Synu člověka, bude odpuštěno. Avšak tomu, kdo se rouhá proti Duchu svatému, odpuštěno nebude (Lukáš 12:10).

Za prvé, "mluvit proti druhým" znamená pomlouvat je a zastrašovat je od jejich práce. ***"Mluvit proti Duchu svatému"*** znamená pokoušet se bránit uskutečnění Božího království přerušováním práce Ducha svatého na základě naší vlastní vůle a myšlenek. Například, o mluvení proti Duchu svatému se jedná, když se postavíte proti Boží práci, protože se neshoduje s vašimi vlastními myšlenkami, třebaže jde o práci Ducha svatého.

Jestliže odsoudíte Božího služebníka jako kacíře, když jím ve skutečnosti není a přerušíte práci Ducha svatého, je to před Bohem tak strašný hřích, že nemůže být odpuštěn. Proto musíte být schopni rozpoznávat duchy podle pravdy.

Samozřejmě, že musíte striktně varovat lidi a nesmíte připustit jejich chování, pokud se pokoušejí přimět ostatní k tomu, aby přijali zlého ducha nebo jsou skutečně v Božích očích kacíři. V Titovi 3:10 čteme: *"Sektáře jednou nebo dvakrát napomeň a pak se ho zřekni."*

V současné době mnoho lidí odsuzuje některé církve, které uznávají Boží Trojici a provázejí je skutky Ducha svatého, jako kacířské nebo je dokonce mnoha způsoby pronásleduje, protože takoví lidé nejsou schopni rozpoznávat duchy. Ačkoliv prohlašují, že věří v Boha, nemají dostatečné biblické vědomosti o herezi. Občas dokonce neznají ani definici hereze.

V případě pronásledování ostatních kvůli nedostatku patřičných vědomostí může být těmto pronásledovatelům, pokud činí pokání a upustí od svého činu, odpuštěno. Nicméně, jestliže naruší Boží práci se zlým úmyslem a žárlivostí, třebaže vědí, že se jedná o práci Ducha svatého, nikdy jim nemůže být odpuštěno.

Příklad můžete najít v samotné Bibli. V Markovi 3 Ježíš činil zázračná znamení a zázraky a ti, kdo na něj žárlili, rozšířili fámu, že se pomátl. Fáma se rozšířila do té míry, že členové jeho rodiny žijící velmi daleko, přišli, aby ho vyvedli z veřejnosti.

Učitelé zákona a fariezové kritizovali Ježíše, když řekli: *"Je posedlý Belzebulem. Ve jménu knížete démonů vyhání démony"* (Marek 3:22). Oplývali důkladnými znalostmi Božího slova. Znali velmi dobře zákon a učili jej lidi, avšak stále odporovali práci Ducha svatého kvůli své žárlivosti a závisti, které chovali vůči Ježíši.

Za druhé, "odporovat práci Ducha svatého" znamená postavit se hlasu Ducha svatého, kterého dal Bůh nebo soudit a odsuzovat práci Ducha svatého a pokoušet se ublížit druhým lidem.

Například, o mluvení proti Duchu svatému jde, když šíříte fámy nebo smyšlené listiny nebo odsuzujete pastora nebo církev, kde se projevuje práce Ducha svatého jako "kacířské," abyste narušili probuzenecká setkání nebo shromáždění.

Co tedy potom znamená: "I tomu, kdo by řekl slovo proti Synu člověka, bude odpuštěno"? Spojení "Syn člověka" se v tomto verši vztahuje na Ježíše, který před tím, než byl ukřižován na kříži, přišel na zem jako lidský tvor.

Mluvit proti Synu člověka znamená neposlouchat Ježíše, neboť ho znáte a uznáváte pouze jako osobu, protože přišel v těle. Neschopnost uznávat Ježíše jako Spasitele vyplývá z nedostatku vědomostí. V tomto případě vám bude odpuštěno a můžete být spaseni, pokud z toho činíte naprosté pokání a přijmete Pána.

Proto, pokud se dopustíte tohoto druhu hříchu, aniž byste znali pravdu nebo předtím, než dostanete Ducha svatého, Bůh vám dává znovu a znovu šanci k pokání a odpuštění.

Nicméně, pokud neuposlechnete a odporujete Pánu, zatímco přesně víte, kým Ježíš Kristus je, musíte si uvědomit, že vám za to nemůže být nikdy odpuštěno, protože je to stejné jako mluvit proti Duchu svatému a odporovat práci Ducha svatého.

Za třetí, rouhání rovněž znamená uvádět věci, které jsou božské, svaté a čisté, v posměch. Rouhání proti Duchu svatému také znamená **uvádět Ducha svatého,** Ducha Božího a božskou podstatu, *v posměch.* Pokud očerňujete práci Ducha svatého a říkáte, že je to dílo satana nebo trváte na tom, že je něco dílem Ducha svatého, když není, je to hřích uvádění Boží věčné moci a božské podstaty v posměch. Rovněž kázání pravdy jako nepravdy, prohlašování toho, co není pravdivé, za pravdivé a odsuzování toho, co je pravdivé, jakoby to bylo klamné, je všechno "rouhání proti Duchu svatému."

Pokud byl někdo za starých časů chycen za slova nebo činy rouhání proti králi, byl považován za vlastizrádce a popraven.

Pokud se rouháte proti svaté, božské podstatě Boha, který je všemohoucí a nemůže být srovnáván s žádným králem tohoto světa, nemůže vám být nikdy odpuštěno.

Dokonce i Ježíš, který byl ve své samotné podstatě Bohem a přišel na tento svět v těle, nikoho neodsoudil. Jestliže stále odsuzujete bratry a sestry a navíc uvádíte práci Ducha svatého v posměch, jak strašný hřích to je! Pokud před Bohem stojíte v bázni a strachu, nemůžete nikdy odporovat Duchu svatému, mluvit proti němu nebo uvádět jej v posměch.

Proto si musíte uvědomit, že tyto hříchy nemohou být nikdy odpuštěny ani v tomto věku ani v nastávajícím věku a vy byste se těchto hříchů nikdy neměli dopustit. I když jste se těchto hříchů předtím dopustili, měli byste hledat Boží milost a z celého srdce se z nich kát.

Vystavování Syna Božího veřejnému posměchu

Jak se píše v Židům 6, neustále křižovat Syna Božího a vystavovat jej veřejnému posměchu vás povede ke smrti.

Kdo byli už jednou osvíceni a okusili nebeského daru, kdo se stali účastníky Ducha svatého a zakusili pravdivost Božího slova i moc budoucího věku, a pak odpadli, s těmi není možno znovu začínat a vést je k pokání, protože znovu křižují Božího Syna a uvádějí ho v posměch (Židům 6:4-6).

Někteří lidé opouštějí církev a Boha kvůli pokušení tohoto světa a upadají do veliké Boží nemilosti, třebaže obdrželi Ducha svatého, vědí, že existuje nebe a peklo a věří ve slovo pravdy. Říkáme, že se dopouštějí hříchu opětovného křižování Božího Syna a uvádění ho v posměch. Tento druh lidí nejenže páchá mnoho hříchů řízených satanem, ale rovněž popírá Boha a pronásleduje a ponižuje církev a věřící.

Tito lidé již odevzdali své svědomí satanovi, takže jsou jejich srdce plná temnoty.

Proto nebudou chtít vůbec činit pokání a duch pokání na nich nespočine. Nemají příležitost kát se, a proto jim nemůže být nikdy odpuštěno.

Tohoto hříchu se dopustil Jidáš Iškariotský. Byl jedním z dvanácti Ježíšových učedníků. Byl svědkem mnoha znamení a zázraků, ale stal se z něho chamtivec a prodal Ježíše za třicet stříbrných mincí. Později ho začalo hryzat svědomí a byl naplněn lítostí, ale duch pokání na něm nespočinul. Jeho hřích mu nemohl být odpuštěn a on nakonec spáchal sebevraždu, protože ho velice trýznila jeho vina (Matouš 27:3-5).

Úmyslné hřešení

Posledním hříchem, který vede k smrti, je úmyslné hřešení potom, co jste obdrželi poznání pravdy.

Jestliže svévolně hřešíme i po tom, když jsme už poznali pravdu, nemůžeme počítat s žádnou obětí za hříchy, ale jen s hrozným soudem a "žárem ohně, který stráví Boží odpůrce" (Židům 10:26-27).

"Úmyslně hřešit potom, co jste obdrželi poznání pravdy," znamená opakovat nedovolené věci, které Bůh neodpouští. Rovněž to znamená pokračovat v hřešení, i když víte, že se jedná o hřích tak jako: *"Přihodilo se jim to, co říká pravdivé přísloví: 'Pes se vrátil k vlastnímu vývratku' a umytá svině se zase válí v bahništi"* (2 Petrův 2:22).

Na jednu stranu, když se David, který tak velmi miloval Boha, dopustil cizoložství, zrodilo se z toho mnoho hříchů a dovedlo ho to k vraždě jednoho z jeho nejloajálnějších vojáků. Nicméně, když prorok Nátan poukázal na jeho hřích, král David se neprodleně kál.

Na druhou stranu, král Saul dále hřešil i potom, co ho prorok Samuel upozornil na jeho hříchy. David se kál a obdržel Boží požehnání, zatímco Saul zůstal opuštěn, protože se nekál a dále hřešil.

Kromě toho, Bileám byl prorok, který měl autoritu udělovat požehnání i prokletí, ale když učinil kompromis s tímto světem, aby získal bohatství a slávu, dostalo se mu bídného konce.

Na jednu stranu, Duch svatý v srdcích těch, kdo se úmyslně dopouštějí hříchu, pohasíná, protože se k nim Bůh otáčí zády. Ti pak ztrácejí svou víru a konají zlé a špatné skutky řízené ďáblem. Nakonec v nich Duch svatý zcela vymizí a oni nemohou být spaseni, protože nedovedou činit pokání a jejich jména budou vymazána z knihy života (Zjevení 3:5).

Na druhou stranu, existují lidé, kteří se dopouštějí hříchů, protože poznali Boha pouze díky svým znalostem, ale nevěří v ného ve svém srdci. Jejich hříchy mohou být odpuštěny a oni mohou být dovedeni na cestu spasení, když důkladně a upřímně činí pokání a mají opravdovou víru.

Proto vězte, že pokud pácháte hříchy úmyslně a konáte skutky hříšné přirozenosti, nebudete spaseni, i když jste snad jednou byli poučeni, uvěřili jste, že existuje nebe a peklo a zažili jste Boží hojnou milost.

Také doufám, že plně porozumíte tomu, že všechny hříchy jsou tmou a proti zákonu a Bůh je nenávidí, třebaže některé z nich nemusí vést k smrti. Prosím, buďte moudrými věřícími, kteří nepřipustí ani se nedopustí žádného druhu hříchu.

Tělo a krev Syna člověka

Abyste si udrželi zdravý život, musíte konzumovat vhodné jídlo a nápoje. Stejně tak, abyste svého ducha udrželi zdravého a získali věčný život, musíte jíst tělo a pít krev Syna člověka.

Nyní se dozvíte, co je to tělo a krev Syna člověka a proč musíte jíst jeho tělo a pít jeho krev, abyste získali věčný život, a to na základě následujícího textu z Jana 6:53-55:

> Ježíš jim řekl: "Amen, amen, pravím vám, nebudete-li jíst tělo Syna člověka a pít jeho krev, nebudete mít v sobě život. Kdo jí mé tělo a pije mou krev, má život věčný a já ho vzkřísím v poslední den. Neboť mé tělo je pravý pokrm a má krev pravý nápoj."

Co je to tělo Syna člověka?

Ježíš vám v Bibli říká o tajemstvích nebe a Boží vůle v mnoha podobenstvích. Pro lidi žijící v tomto trojrozměrném světě je velmi těžké porozumět a pochopit vůli Boha, který přebývá ve čtyřrozměrném nebo ještě vícerozměrném světě. A tak Ježíš přirovnal nebeské věci k neživým věcem, rostlinám, zvířatům a žije na tomto světě, aby nám pomohl lépe pochopit Boží vůli.

To je důvod, proč je Ježíš, jediný Boží syn, přirovnáván ke skále a hvězdě, které jsou bezrozměrné, k jednorozměrné vinné révě, k dvojrozměrnému beránkovi a k Synu člověka, který je trojrozměrný.

Ježíš je nazýván Synem člověka, takže tělo Syna člověka je tělem Ježíše.

Jan 1:1 nám říká: *"Na počátku bylo Slovo, to Slovo bylo u Boha, to Slovo byl Bůh."* Jan 1:14 konstatuje: *"A Slovo se stalo tělem a přebývalo mezi námi. Spatřili jsme jeho slávu, slávu, jakou má od Otce jednorozený Syn, plný milosti a pravdy."*

Ježíš je tím, kdo přišel na tento svět v těle jako slovo Boží.

Proto je tělem Syna člověka Boží slovo, což je pravda sama a jíst tělo Syna člověka znamená učit se Božímu slovu z Bible.

Jak jíst tělo Syna člověka

V Exodu 12:5 a následujících verších je Ježíš vykreslen jako "Beránek":

Budete mít beránka bez vady, ročního samce. Vezmete

jej z ovcí nebo z koz. Budete jej opatrovat až do čtrnáctého dne tohoto měsíce. Navečer bude celé shromáždění izraelské pospolitosti beránky zabíjet. Pak vezmou trochu krve a potřou jí obě veřeje i nadpraží u domů, v nichž jej budou jíst.

Obecně si mnoho věřících myslí, že se beránkem myslí noví věřící, ale když Bibli studujete pečlivě, zjistíte, že beránek je symbolem Ježíše.

Když spatřil Jan Křtitel Ježíše, který přicházel směrem k němu, řekl v Janovi 1:29: *"Hle, beránek Boží, který snímá hřích světa."* A apoštol Petr zmiňoval Ježíše jako beránka v 1 Petrově 1:18-20: *"Víte přece, že jste z prázdnoty svého způsobu života, jak jste jej přejali od otců, nebyli vykoupeni pomíjitelnými věcmi, stříbrem nebo zlatem, nýbrž převzácnou krví Kristovou. On jako beránek bez vady a bez poskvrny byl k tomu předem vyhlédnut před stvořením světa a přišel kvůli vám na konci časů."* Kromě těchto veršů přirovnává Ježíše k beránkovi mnoho dalších vyjádření.

Proč Bible přirovnává Ježíše k beránkovi? Beránek je nejmírnějším a nejposlušnějším zvířetem z hospodářských zvířat. Pozná hlas svého pastýře a poslouchá jej. Nikdo jiný nemůže beránka oklamat, i když lidé zkoušejí hlas pastýře napodobit. Dává bílou a měkkou kožešinu, mléko, maso a všechny části svého těla lidem.

Tak jako beránek obětuje člověku všechno, Ježíš absolutně uposlechl Boží vůli a všechno za nás obětoval.

Ježíš přišel na tento svět v těle, ačkoliv je ve své samotné podstatě Bůh, kázal evangelium o nebi, uzdravil mnoho nemocí a slabostí a byl ukřižován. Ježíš se vzdal všeho, aby vás vykoupil z vašich hříchů.

Ježíš je přirovnáván k beránkovi, protože se jeho vlastnosti a jednání podobají těm, které má mírný beránek a jezení beránka symbolizuje jezení těla Ježíšova a sice těla Syna člověka.

Jak byste tedy potom měli jíst tělo Syna člověka? Pojďme se podívat na Exodus 12:9-10, kde jsou dány následující instrukce:

Nebudete z něho jíst nic syrového ani vařeného ve vodě, nýbrž jen upečené na ohni s hlavou i s nohama a vnitřnostmi. Nic z něho nenecháte do rána. Co z něho zůstane do rána, spálíte ohněm.

Za prvé, nejezte Boží slovo syrové

Co to znamená jíst tělo Syna člověka "syrové"?

Obecně není dobré jíst syrové maso. Pokud jíte syrové maso, můžete chytit nějaký virus nebo bakterii a onemocnět. Stejným způsobem vám Bůh říká, abyste nejedli Boží slovo syrové, protože to je škodlivé.

Boží slovo je napsáno vdechnutím Ducha svatého, takže ho musíte číst a udělat z něj jídlo s vdechnutím Ducha svatého.

Co když vyložíte Boží slovo doslova? Pravděpodobně nesprávně pochopíte Boží záměr. Proto jíst "Boží slovo syrové" znamená vykládat Bibli doslova.

Jak říká Jan 1:1 *"to Slovo byl Bůh,"* Bible obsahuje Boží srdce a vůli a všechny věci jsou uskutečněny podle tohoto Slova.

Boží slovo nám říká, jak se můžeme dostat do nebe. Abyste získali věčný život, musíte Božímu slovu zcela rozumět. Naopak, člověk těla nemůže vidět nebo pochopit duchovní svět.

Je to jako s cikádou, která neví, že existuje obloha, když je larvou v zemi. Je to jako s kuřátkem, které nezná vnější svět, když je ve vajíčku. Je to jako s dítětem, které neví nic o světě, když je ještě v matčině děloze.

Stejně tak, dokud jste v tomto tělesném světě, nevíte nic o světě duchovním.

Bůh vám říká, že mimo tento trojrozměrný svět zde existuje jiný svět. Zrovna jako nenarozené kuře musí rozbít svou skořápku, vy také musíte rozbít své vlastní tělesné myšlení, abyste porozuměli duchovnímu světu a vstoupili do něj.

Například, v Matoušovi 6:6 čteme: *"Když se modlíš, vejdi do svého pokojíku, zavři za sebou dveře a modli se k svému Otci, který zůstává skryt; a tvůj Otec, který vidí, co je skryto, ti odplatí."* Pokud byste vykládali tento verš doslova, museli byste se modlit vždycky ve svém pokoji. Nicméně, nenajdete žádné předchůdce víry, kteří by se modlili skrytě ve svých pokojích.

Ježíš se nemodlil ve svém pokoji, ale strávil noc na horském úbočí (Lukáš 6:12) a na pustém místě časně ráno (Marek 1:35).

Mimo to, Daniel se modlil třikrát denně s okny otevřenými směrem k Jeruzalému (Daniel 6:11) a apoštol Petr se modlil na střeše (Skutky 10:9).

Co tedy znamená, když Ježíš řekl: "Vejdi do svého pokojíku, zavři za sebou dveře a modli se"?

Slovo "pokojík" z duchovního hlediska symbolizuje srdce

člověka. Takže vejít do svého pokojíku znamená minout své myšlenky a vejít hluboko dovnitř svého srdce, zrovna jako byste minuli obývací pokoj nebo ložnici, abyste vešli do svého pokojíku. Až pak se můžete modlit z celého svého srdce.

Když vejdete do svého pokojíku, jste izolováni od venkovního hluku. Stejně tak, když se modlíte, musíte zablokovat všechny nezbytné myšlenky, starosti a zájmy a modlit se z celého srdce.

Proto nesmíte jíst tělo Syna člověka syrové. Nevykládejte Boží slovo doslova. Totiž, vykládejte Boží slovo duchovně s vdechnutím Ducha svatého.

Za druhé, nejezte Boží slovo vařené ve vodě

Co znamená "Nejezte maso vařené ve vodě"? Znamená to, že nemáme k Božímu slovu nic přidávat, ale jíst jej pouze samotné.

Není správné kázat Boží slovo a míchat ho s politikou, s příběhy z naší společnosti nebo s citáty od obdivovaných nebo historických osobností.

Bůh, který stvořil nebe a zemi a řídí život a smrt lidstva, požehnání a zatracení, je všemohoucí a nic nepostrádá.

1 Korintským 1:25 říká: *"Neboť bláznovství Boží je moudřejší než lidé a slabost Boží je silnější než lidé."* Toto je zaznamenáno, abyste si uvědomili, že i ta nejmoudřejší a nejskvělejší osoba nemůže být srovnávána s Bohem.

Nedokážete celý život kázat jen to, co je zahrnuto v Bibli? Jak se tedy potom odvážit smíchat lidská slova a Boží slovo, když pronášíte poselství?

Lidská slova se postupem času mění. I když je v nich jakákoliv pravda, byla již vyřčena v Bibli a byla vyřčena s Boží moudrostí.

Proto by při vyučování Bible mělo být vaší prioritou čisté Boží slovo. Samozřejmě, že můžete uvést některá přirovnání nebo ilustrace, aby lidé snadněji pochopili Boží slovo a tajemství duchovního světa.

Uvědomte si ale, že pouze Boží slovo je věčné a dokonalá a úplná pravda vedoucí k věčnému životu. A tak nejezte Boží slovo vařené ve vodě.

Za třetí, Boží slovo musíte jíst upečené na ohni

Co znamená "upečené na ohni s hlavou i s nohama a vnitřnostmi"? (Exodus 12:9) To znamená, že máte Boží slovo, tělo Syna člověka, zcela učinit svým duchovním pokrmem, aniž byste cokoliv vynechali.

Například, někteří lidé zpochybňují skutečnost, že Mojžíš rozdělil Rudé moře. Jiní lidé se dokonce ani nepokouší číst Leviticus, protože způsobům obětování ve Starém zákoně je obtížné porozumět. Další lidé říkají, že zázrakům, které Ježíš učinil, je těžké uvěřit a myslí si, že tyto zázraky se mohly stát pouze před 2 000 lety. Vynechávají mnoho věcí, které nesedí k lidskému myšlení a zkoušejí vyjmout pouze morální lekce.

Dokonce se ani nestarají o to, aby si pamatovali taková slova jako "Milujte své nepřátele" nebo "Vystříhej se jakékoli špatnosti," protože se jim zdá velmi těžké se těmito slovy řídit. Je pro ně možné dojít spasení?

Proto si z Bible neberte pouze to, co se vám hodí jako pošetilí lidé. Jezte všechna slova v Bibli od Genesis po Zjevení zcela upečená na ohni.

Co je tedy potom míněno jezením Božího slova "upečeného na ohni"? Ohněm se zde má na mysli oheň Ducha svatého. Když čtete a posloucháte Boží slovo, máte být naplněni a inspirováni Duchem svatým, protože je napsáno vdechnutím Ducha svatého. Jinak v něm najdete pouze vědomosti, ne duchovní pokrm.

Abyste jedli Boží slovo upečené na ohni, musíte se vroucně modlit. Modlitby slouží jako olej, který se stává zdrojem plnosti Ducha svatého. Pokud jíte Boží slovo s vdechnutím Ducha svatého, je sladčí než med. Také se nikdy nebudete nudit, i když bude kázání velmi dlouhé, neboť pro vás bude cenné a vy budete velmi rádi naslouchat Božímu slovu jako žíznivý jelen hledající proud vody.

Takto se jí Boží slovo upečené na ohni. Pouze tímto způsobem Božímu slovu porozumíte, učiníte z něj své duchovní tělo a krev a uvědomíte si a budete následovat Boží vůli. Takto dáte život duchu pomocí Ducha svatého, porostete ve víře a odhalením veškeré povinnosti člověka získáte zpět ztracený obraz Boha.

Nicméně ty, kdo jedí Boží slovo svými vlastními myšlenkami, aniž by ho upekli na ohni, Boží slovo nudí a nemohou si jej zapamatovat, protože mu naslouchají prázdnými myšlenkami. Ti nemohou ani duchovně růst ani získat věčný život.

Za čtvrté, nenecháte nic z Božího slova do rána

Co je míněno větou "Nic z něho nenecháte do rána; co z něho zůstane do rána, spálíte ohněm"?

Znamená to, že máte jíst tělo Syna člověka, Boží slovo, v noci. Svět, ve kterém nyní žijete, je temným světem řízeným ďáblem a může být duchovně vyjádřen jako noc nebo noční doba. Když se náš Pán znovu vrátí, veškerá tma zmizí a všechno bude odhaleno; nastane ráno, svět plný světla.

Proto "nic z něho nenecháte do rána" znamená, že se máte učit Boží slovo, abyste se připravili jako nevěsta našeho Pána dříve, než se vrátí.

Navíc, ať už je návrat Pána blízko nebo ne, žijete pouze 70 nebo 80 let a nevíte, kdy se s Pánem setkáte. Než se s Pánem setkáte, duchovně rostete do té míry, do jaké jíte tělo a pijete krev Syna člověka. Takže se horlivě učte Boží slovo a duchovně porostete.

Pokud máte víru otců, protože váš duch ustavičně roste, získáte slávu jako zářící slunce blízko Božího trůnu v jeho království, protože znáte Boha, který je od počátku, pěstujete devět druhů ovoce Ducha svatého a blahoslavenství a podobáte se Božímu obrazu.

Pít krev Syna člověka

Abyste si zachovali život, musíte spolu s jídlem pít vodu. Jestliže nepijete žádnou vodu, jídlo nemůže být stráveno a vy zemřete. Když jde jídlo smíchané s vodou do žaludku, dojde k trávení, živiny se vstřebají a odpad se vyloučí.

Stejným způsobem, když jíte tělo Syna člověka a nepijete krev Syna člověka, nemůžete jej strávit. Proto můžete získat věčný život pouze tehdy, když jíte tělo Syna člověka a zároveň pijete krev Syna člověka.

"Pít krev Syna člověka" znamená s vírou uskutečňovat Boží slovo. Potom, co jste naslouchali Božímu slovu, je velmi důležité podle toho jednat a to je víra. Pokud nejednáte podle Božího slova potom, co jste mu naslouchali a poznali ho, je zbytečné mu naslouchat.

Způsobem, jakým se vstřebávají živiny a vylučuje odpad, když trávíte jídlo, se Boží slovo, pravda, vstřebává a nepravda vylučuje, když jednáte podle Božího slova, abyste očistili své nečisté srdce.

Co tedy znamená "vstřebávat pravdu" a "vylučovat nepravdu"? Řekněme, že jste naslouchali Božímu slovu: "Nemějte se v nenávisti, ale milujte se navzájem." Pokud z toho uděláte jídlo a jednáte podle toho, živina nazvaná láska se vstřebá a odpad nazvaný nenávist se vyloučí. Vaše srdce se automaticky stane čistším a pravdivějším tím, že vyloučí špinavé a nečisté myšlenky.

Jednejte podle Božího slova potom, co jste mu naslouchali

Nicméně, pokud nejednáte podle Božího slova, nepijete krev Syna člověka. Proto je Boží slovo pouze kusem vědomostí v hlavě a vy nemůžete být spaseni, pokud podle něj nejednáte.

Pití krve Syna člověka, jednání podle Božího slova, se nemůže uskutečnit pouze lidským úsilím. Musíte mít vůli a snahu jednat podle Božího slova a potom díky vroucím modlitbám obdržet Boží milost, moc a pomoc Ducha svatého.

Pokud byste se mohli zbavit hříchu svým vlastním úsilím, Ježíš by nemusel být ukřižován a Bůh by nemusel poslat Ducha svatého.

Ježíš Kristus byl ukřižován, aby vám byly odpuštěny hříchy, protože nedokážete vyřešit problém hříchu sami a Bůh poslal Ducha svatého, aby vám pomohl změnit vaše špinavé srdce na srdce čisté.

Duch svatý, Duch Boží, pomáhá Božím dětem žít v pravdě a spravedlnosti. Proto mají Boží děti s pomocí Ducha svatého žít podle Božího slova zbavujíce se svých hříchů a získat Boží lásku a požehnání.

Odpuštění pouze skrze chození ve světle

Chceme-li říct, že jíte tělo a pijete krev Syna člověka, znamená to, že jednáte ve světle podle Božího slova. Na jaký druh jednání se toto vztahuje? Musíte jednat ve světle. Když jíte tělo Syna člověka, trávíte ho a činíte své srdce pravdivým, opouštíte tmu a jednáte ve světle. Když jednáte ve světle, krev Páně vás očišťuje od vašich minulých, současných i budoucích hříchů.

I když máte hříchy, které z vás ještě nebyly sejmuty, když se budete před Bohem z celého svého srdce kát, mohou vám být vaše hříchy Boží milostí odpuštěny. Ti, kdo skutečně uvěřili v Boha a zkouší ve svém srdci dosáhnout spravedlnosti, již nejsou více hříšníky, ale spravedlivými a mohou být spaseni a získat věčný život.

Bůh je světlo

1 Janův 1:5 říká: *"A toto je zvěst, kterou jsme od něho slyšeli a vám ji oznamujeme: že Bůh je světlo a není v něm nejmenší tmy."*

Apoštol Jan, který je autorem prvního Janova listu, byl vyučován přímo Ježíšem, který přišel na tento svět a stal se tomuto světu světlem a cestou k Bohu.

A tak se o Ježíši v Janovi 1:4-5 říká: *"V něm byl život a život byl světlo lidí. To světlo ve tmě svítí a tma je nepohltila."* Ježíš sám sebe uvedl takto: *"Já jsem ta cesta, pravda i život. Nikdo nepřichází k Otci než skrze mne"* (Jan 14:6).

Proto Ježíšovi učedníci dosvědčili skrze Ježíše skutečnost, že "Bůh je světlo" a zpráva, kterou vám ohlásili je: "Bůh je světlo."

Světlo znamená v duchovním pojetí pravdu

Co je tedy potom "světlo"? V duchovním pojetí znamená světlo pravdu a pravda je protikladem tmy.

Bůh nám v Efezským 5:8 říká: *"I vy jste kdysi byli tmou, ale nyní vás Pán učinil světlem."* Ti, kdo uposlechnou sdělení, že "Bůh je světlo" a učí se pravdu od Boha, mohou zazářit a osvítit tento svět způsobem, kterým světlo vyhání tmu.

Děti světla, které jednají podle pravdy, nesou ovoce světla. Proto se v Efezským 5:9 říká: *"Žijte proto jako děti světla - ovocem světla je vždy dobrota, spravedlnost a pravda."* Duchovní láska popsaná v 1 Korintským 13 a ovoce Ducha svatého jako láska, radost, pokoj, trpělivost, laskavost, dobrota, věrnost, tichost a sebeovládání jsou ovocem světla.

Proto se světlo vztahuje na všechna slova pravdy o dobrotě, spravedlnosti a lásce jako "milujte se navzájem, modlete se, dodržujte den odpočinku, dodržujte desatero přikázání," o kterých vám Bůh říká v Bibli.

Tma znamená v duchovním pojetí hřích

Tmou se má na mysli stav, ve kterém není žádné světlo a v duchovním slova smyslu znamená hřích.

Všechny nepravdivé věci, které jsou protikladem pravdy, jsou takové věci, jaké jsou zapsány v Římanům 1:28-29: *"Protože si nedovedli vážit pravého poznání Boha, dal je Bůh na pospas jejich zvrácené mysli, aby dělali, co se nesluší. Jsou plni nepravosti, podlosti, lakoty, špatnosti, jsou samá závist, vražda, svár, lest, zlomyslnost."* Toto všechno je tma.

Bible vám říká, abyste se zbavili všech věcí náležejících tmě, jako jsou krádež, vražda, cizoložství a veškerá špatnost.

Na jednu stranu se někteří lidé prohlašují za Boží děti, i když neposlouchají, co jim Bůh říká, aby dělali nebo dodržovali, ale dělají věci, o kterých jim Bůh říká, aby je nedělali nebo je zahodili. Tato tma je řízena nepřítelem ďáblem a satanem a patří k tomuto světu, takže nikdy nemůže existovat spolu se světlem.

To je důvod, proč ti, kdo jednají ve tmě, nenávidí světlo a žijí od něho stranou.

Na druhou stranu, skutečné děti Boha, který je světlem a ve kterém není nejmenší tmy, by měly odhodit tmu a jednat ve světle. Až potom můžete komunikovat s Bohem a všechno ve vašem životě se bude ubírat dobrým směrem.

Důkaz toho, že máte s Bohem společenství

Mezi rodiči a jejich dětmi obvykle existuje velmi důvěrné pouto založené na lásce. Stejným způsobem je pro vás - kdo věříte v Ježíše Krista - zřejmé mít společenství s Bohem, který je Otcem vašeho ducha (1 Janův 1:3).

Společenství zde neznamená pouze to, že jeden zná druhého, ale že se oba dobře znají navzájem. Nemůžete říct, že máte společenství s prezidentem, třebaže o něm víte velmi mnoho. S vaším společenstvím s Bohem je to stejné. Abyste měli skutečné společenství s Bohem, měli byste ho znát stejně dobře jako on zná vás.

1 Janův 1:6-7 říká: *"Říkáme-li, že s ním máme společenství, a přitom chodíme ve tmě, lžeme a nečiníme pravdu. Jestliže však chodíme v světle, jako on je v světle, máme společenství mezi sebou a krev Ježíše, jeho Syna, nás očišťuje od každého hříchu."*

To znamená, že společenství s Bohem máte pouze tehdy, když se zbavíte hříchů a jednáte ve světle. Jestliže říkáte, že máte společenství s Bohem, zatímco stále jednáte a žijete ve tmě, je to lež.

Mít společenství s Bohem znamená mít duchovní a opravdové společenství, ne pouze mít nekřesťanské společenství, protože jej znáte díky znalostem ve své hlavě. Abyste měli společenství s Bohem, vy sami musíte být světlem, protože on je světlo. Duch svatý, srdce Boha, vás jasně učí Boží vůli do té míry, abyste zůstali v pravdě, takže když čtete Boží slovo a modlíte se, můžete dosáhnout hlubší komunikace s Bohem.

Pokud kráčíte ve tmě

Pokud prohlašujete, že máte s Bohem společenství, ale kráčíte ve tmě a pácháte hříchy, říkáte lež. Není to chození v pravdě a vy nakonec půjdete cestou smrti.

V 1 Samuelově 2 jednali synové kněze Élího zle a dopouštěli se hříchů. Élí je měl potrestat, ale on je pouze varoval: "Proč děláte takové věci? To nejde, moji synové!"

Nakonec na ně dopadl Boží hněv. Oba synové kněze Élího zemřeli v bitvě a Élí spadl nazad ze stolce k pilíři brány, zlomil si vaz a zemřel. Boží hněv dopadl rovněž na jeho potomky (1 Samuelova 2:27-36, 4:11-22).

Proto, jak se říká v Efezským 5:11-13: *"Nepodílejte se na neužitečných skutcích tmy, naopak je nazývejte pravým jménem. O tom, co oni dělají potají, je odporné i jen mluvit. Když se však ty věci správně pojmenují, je jasné, oč jde."*

Pokud existuje někdo, kdo prohlašuje, že má s Bohem společenství, ale nechodí ve světle, měli byste mu to s láskou říct. Jestliže ani potom nepřichází do světla, měli byste jej pokárat, abyste ho dovedli do světla a on nešel dál cestou smrti.

Odpuštění skrze chození ve světle

Na tomto světě existuje zákon a když jej někdo přestoupí, je podle stupně svého jednání potrestán. Nicméně, on sám nemůže být nápomocen tím, že se cítí ve svém svědomí provinile, protože ke škodě již došlo, i když zaplatil za to, co udělal špatně a byl potrestán.

Stejně tak máte hříšnou přirozenost stále ve svém srdci, třebaže jste přijali Ježíše Krista, vaše hříchy vám byly odpuštěny a jste prohlášeni za spravedlivé. Proto vám Bůh přikazuje obřezat své srdce, abyste se necítili provinile ani ve svém svědomí.

Jak je řečeno v Jeremjášovi 4:4: *"Obřežte se kvůli Hospodinu, obřežte svá neobřezaná srdce, mužové judští, obyvatelé Jeruzaléma, aby mé rozhořčení nevyšlehlo jako oheň a nehořelo a nikdo by je neuhasil, a to pro vaše zlé skutky,"* obřezat srdce znamená odřezat ze svého srdce kůži.

Odřezat ze svého srdce kůži znamená následovat, co Bůh říká v Bibli jako "dělat," "nedělat," "dodržovat" a "zahazovat." Jinými slovy to znamená vyhnat všechno, co je proti Božímu slovu jako nepravda, zlo, nepravost, zločinnost a tma tak, že vyčistíte své srdce a naplníte je pravdou.

Proto musíte s horlivostí učinit Boží slovo svým pokrmem, vstřebávat živiny jednáním podle něj a vylučovat odpad v podobě zla a nepravdy, které patří tmě. Když obřežete své srdce, můžete duchovně růst.

Když se stanete duchovním člověkem plným pravdy, který vylučuje hřích a zlo jako odpad, máte společenství s Bohem. Potom může krev Ježíše Krista očistit vaše hříchy, protože máte toto společenství.

Proto byste neměli pouze přijmout Ježíše Krista a být prohlášeni za spravedlivé, ale také se změnit ve skutečně spravedlivé lidi tím, že budete jíst tělo a pít krev Syna člověka a obřežete své srdce.

Víra doprovázená skutky je opravdová víra

Ke svému překvapení okolo sebe stále vidíte mnoho lidí, kteří opravdu vůbec nerozumí významu slova víra. Někteří říkají: "Proč do církve jenom nechodíš? To přece ke spasení stačí."

Pokud posloucháte Boží slovo a znáte je, ale nejednáte podle něj, jedná se pouze o víru ve formě vědomostí ve vaší hlavě, ne o opravdovou víru. Tímto způsobem nemůžete být spaseni. Co je víra, kterou Bůh uznává? Jak můžete být spaseni vírou?

Opravdové pokání vyžaduje odvrácení od hříchů

1 Janův 1:8-9 říká: *"Říkáme-li, že jsme bez hříchu, klameme sami sebe a pravda v nás není. Jestliže doznáváme své hříchy, on je tak věrný a spravedlivý, že nám hříchy odpouští a očišťuje nás od každé nepravosti."*

Co tedy potom znamená doznat své hříchy?

Předpokládejme, že vám Bůh říká: "Jít na východ je cesta věčného života a má vůle, tak jdi na východ." Nicméně, pokud jdete stále na západ a říkáte: "Bože, měl bych jít na východ, ale jdu na západ, tak mi prosím odpusť," nejde o doznání. Toto není víra v Boha ani bohabojnost, ale spíše výsměch Bohu. Opravdové pokání neznamená pouze doznat své hříchy ústy, ale také se svými skutky naprosto odvrátit od svých hříchů. Až pak to Bůh přijme jako pokání a udělí vám odpuštění.

Stejně jako zemřete, pokud nebudete jíst žádný pokrm, ačkoliv víte, že jíst musíte, abyste si zachovali život, nejste očištěni krví Pána, jestliže pouze doznáváte své hříchy ústy a neodvracíte se od nich.

Víra bez skutků je mrtvá víra

V Jakubově listu 2:22 se říká: *"Nevidíš, že víra působila spolu s jeho skutky a že ve skutcích došla víra dokonalosti."* Verš 26 dále pokračuje: *"Jako je tělo bez ducha mrtvé, tak je mrtvá i víra bez skutků."*

Mnoho lidí chodí do církve, protože slyšeli, že existuje nebe a peklo. Nicméně, protože ve skutečnosti tomuto faktu nevěří ve svém srdci, nedoprovází je skutky.

Jedná se pouze o víru jako formu vědomostí a tedy mrtvou víru.

Navíc, pokud svými ústy doznáváte, že věříte, zatímco stále žijete v hříchu, jak můžete říct, že máte víru? Bible vám říká, že hřích spáchaný vědomě je horší než hřích spáchaný nevědomě.

Když vyznáváte "Já věřím" bez skutků, možná si myslíte, že máte víru, ale Bůh to za opravdovou víru neuznává.

Izraelité, kteří vyšli z Egypta, zažili mnoho Božích skutků. Bůh rozdělil Rudé moře, dal jim manu a křepelky a ve dne je chránil sloupem oblakovým, v noci sloupem ohnivým. Nicméně, když jim Bůh přikázal vyslat do Kenaanské země zvědy, pouze Jozue a Káleb věřili v Boží slovo a moc. Výsledkem bylo to, že ti Izraelité, kteří neuposlechli Boha, protože neměli dostatečně silnou víru, aby šli do Kenaanu, prošli 40ti dny zkoušek na poušti a nakonec tam zemřeli.

Musíte si uvědomit, že pokud nevěříte nebo nejednáte podle Božího slova, je vše k ničemu, třebaže svědčíte a zažíváte mnoho Božích skutků. Víra je dovršena skutky.

Pouze ti, kdo dodržují zákon, jsou spravedliví

Bůh nám v Římanům 2:13 říká : *"Před Bohem nejsou spravedliví ti, kdo zákon slyší; ospravedlněni budou, kdo zákon svými činy plní."*

Spravedlivými se nestanete pouze tím, že budete navštěvovat bohoslužby a poslouchat poselství. Spravedlivými se stanete, když se jednáním podle Božího slova vaše nepravdivé srdce promění v srdce pravdivé.

Díky nepochopení verše Římanům 10:13: *"Každý, kdo vzývá jméno Páně, bude spasen,"* někdo říká, že můžete být spaseni pouze tím, že svými ústy nazýváte Ježíše Krista "Pane." Avšak to je naprosto špatně. Jak se říká v Izajáši 34:16: *"Hledejte v knize Hospodinově a čtěte: Jediná z těch příšer tam nebude chybět, ani jedna z nich nebude scházet, neboť ústa Boží to přikázala a jeho duch je shromáždí,"* Boží slovo má druha a stává se dokonalým pouze, když je vykládáno s tímto druhem.

V Římanům 10:9-10 se říká: *"Vyznáš-li svými ústy Ježíše*

jako Pána a uvěříš-li ve svém srdci, že ho Bůh vzkřísil z mrtvých, budeš spasen. Srdcem věříme k spravedlnosti a ústy vyznáváme k spasení."

Pouze ti, kdo ve svém srdci opravdu uvěřili, že Ježíš byl vzkříšen, mohou upřímně učinit své vyznání ústy, protože žijí podle Božího slova. Ti budou spaseni, když vyznají tuto opravdovou vírou a stanou se více a více spravedlivými, ale ti, kdo tuto víru nevyznají, nemohou být spaseni.

To je důvod, proč Ježíš v Matoušovi 13:49-50 řekl: *"Tak bude i při skonání věku: vyjdou andělé, oddělí zlé od spravedlivých a hodí je do ohnivé pece; tam bude pláč a skřípění zubů."*

Zde se termín "spravedliví" vztahuje na všechny ty, kdo uznávají Boha a prohlašují, že mají víru. "Oddělit zlé od spravedlivých" znamená, že ti, kdo nejednají podle Božího slova, nemohou být spaseni, třebaže navštěvovali církev a vedli křesťanský život.

Bůh skutečně žádá obřízku srdce

Bůh chce, aby jeho děti byly svaté a dokonalé. Proto nám v 1 Petrově 1:15 říká: *"Ale jako je svatý ten, který vás povolal, buďte i vy svatí v celém způsobu života"* a v Matoušovi 5:48: *"Buďte tedy dokonalí, jako je dokonalý váš nebeský Otec."*

Ve starozákonní době byli lidé spaseni skutky v zastoupení toho, co mělo přijít, ale v novozákonní době, kdy Ježíš Kristus dovršil zákon láskou, jste spaseni vírou.

"Být spasen skutky zákona" znamená, že i když máte například špinavé srdce hotové vraždit, nenávidět, dopustit se cizoložství, lhát a tak dále, není to považováno za hřích, dokud to skutečně neprovedete.

Bůh nesoudil lidi, dokud zlé skutky nevykonali, protože ve starozákonní době nemohli své hříchy opustit sami bez Ducha svatého. Nicméně, v novozákonní době dojdete spasení pouze tehdy, když obřežete své srdce ve víře s pomocí Ducha svatého, neboť Duch svatý k vám přišel. Duch svatý vám pomáhá uvědomovat si rozdíl mezi hříchem a spravedlností, uvědomovat si soud a umožňuje vám žít podle Božího slova. Proto můžete s pomocí Ducha svatého odhodit nepravdu a obřezat své srdce.

Musíte si uvědomit, že Bůh od vás skutečně požaduje, abyste obřezali své srdce, zbavili se hříchů a účastnili se božské přirozenosti. Apoštol Pavel znal tuto Boží vůli a učil o obřízce srdce, ne těla (Římanům 2:28-29). Radí vám ve vašem zápase proti hříchu nepodlehnout až do prolití vaší krve, s pohledem upřeným na Ježíše, zdokonalovatele vaší víry (Židům 12:1-4).

Doufám, že máte opravdovou víru doprovázenou skutky a uvědomujete si, že nemůžete vstoupit do nebe pouze vzýváním "Pane, Pane," ale jen chozením ve světle a obřezáním svého srdce.

Kapitola 9

NAROZENÍ Z VODY A DUCHA

- Nikodém přichází k Ježíši
- Ježíš pomáhá Nikodémovi
  k duchovnímu pochopení
- Kdy se narodíme z vody a Ducha
- Tři důkazy: Duch, voda a krev

Mezi farizeji byl člověk jménem Nikodém, člen židovské rady. Ten přišel k Ježíšovi v noci a řekl mu: "Mistře, víme, že jsi učitel, který přišel od Boha. Neboť nikdo nemůže činit ta znamení, která činíš ty, není-li Bůh s ním." Ježíš mu odpověděl: "Amen, amen, pravím tobě, nenarodí-li se kdo znovu, nemůže spatřit království Boží." Nikodém mu řekl: "Jak se může člověk narodit, když už je starý? Nemůže přece vstoupit do těla své matky a podruhé se narodit." Ježíš odpověděl: "Amen, amen, pravím tobě, nenarodí-li se kdo z vody a z Ducha, nemůže vejít do království Božího."

Jan 3 :1-5

Bůh poslal Ježíše Krista, svého jediného Syna, a otevřel tak cestu ke spasení. Kdokoliv ho přijme, získá právo stát se Božím dítětem a prožije požehnaný a věčný život nyní a navěky. Nicméně, v dnešní době vidíte, že mnoho lidí tento příslib spasení nemá, třebaže přijali Ježíše Krista. Navíc, někteří lidé tvrdí, že získali spasení, ale postrádají ke spasení víru nebo další prohlašují, že jsou spaseni, protože jednou provždy obdrželi Ducha svatého, ale potom se nestarají o své skutky.

Abychom nyní uzavřeli poselství kříže, ujasněme si na příběhu Nikodéma, jak dosáhnout dokonalého spasení od chvíle, kdy přijmete Ježíše Krista.

Nikodém přichází k Ježíši

V Ježíšových dobách měli farizeové velkou úctu k Mojžíšovu zákonu a drželi se tradice otců. Byli náboženskými vůdci mezi vyvolenými Izraelity, kteří věřili v Boží svrchovanost, vzkříšení, anděly, poslední soud a příchod Mesiáše.

Přesto je Ježíš opakovaně káral: "Běda vám, zákoníci a farizeové, pokrytci!" Lidem se jevili jako pokrytci, svatí navenek, ale uvnitř plní chtivosti a hrabivosti jako obílené hroby (Matouš 23:25-36).

Nikodém měl dobré srdce

Nikodém byl jedním z farizeů židovské rady zvané Sanhedrin. Nicméně, na rozdíl od ostatních farizeů, nepronásledoval Ježíše. Namísto toho, když viděl zázraky a znamení, která Ježíš činil, uvěřil, že Ježíš přišel od Boha. Nikodém chtěl vědět, kdo Ježíš je, protože měl dobré srdce.

V Janovi 7:51 se Nikodém hájící Ježíše ptá farizeů, kteří chtěli Ježíše zadržet: *"Odsoudí náš zákon někoho, aniž ho napřed vyslechne a zjistí, čeho se dopustil?"*

Pro Nikodéma jako člena Sanhedrinu v té době nemohlo být snadné takto promluvit. Dokonce i dnes, jestliže vláda postaví křesťanství mimo zákon, úředník nemůže stát na straně křesťanství. Stejně tak Izraelité v té době považovali všechna náboženství kromě judaismu za falešná. Nikodém věděl, že může být v případě, že se postaví na stranu Ježíše, exkomunikován.

Přesto Nikodém Ježíše hájil. To dokazuje, že byl v pravdě a stál pevně ve víře v Ježíše.

Jan 19:39-40 líčí scénu, která se odehrála neprodleně po Ježíšově smrti na kříži:

Přišel také Nikodém, který kdysi navštívil Ježíše v noci, a přinesl sto liber směsi myrhy a aloe. Vzali Ježíšovo tělo a zabalili je s vonnými látkami do lněných pláten, jak je to u Židů při pohřbu zvykem.

Proto Nikodém věřil, že byl Ježíš mužem Božím, oddaně Ježíši sloužil i po jeho ukřižování a vírou v jeho vzkříšení získal spasení.

Nikodém přichází k Ježíši

V Janovi 3 je zachycen dialog mezi Ježíšem a Nikodémem před tím, než Nikodém porozuměl pravdě v duchu. Jednou v noci přišel Nikodém k Ježíši a prohlásil: *"Mistře, víme, že jsi učitel, který přišel od Boha. Neboť nikdo nemůže činit ta znamení, která činíš ty, není-li Bůh s ním"* (v. 2.). Nikodém nejprve nevěděl, že Ježíš je Mesiáš a Syn Boží. Nicméně, potom co se stal svědkem Ježíšových zázraků, si to Nikodém uvědomil a prohlašoval, že Ježíš je mužem Božím, protože měl dobré svědomí. Skrze své dobré svědomí věděl, že to byl jedině všemohoucí Bůh, kdo mohl vzkřísit mrtvé, navrátit slepému zrak, nechat mrzáka vstát a uzdravit malomocného.

Proč tedy přišel v noci za Ježíšem? Byl jako ti lidé, kteří nechtějí otevřeně navštěvovat církev, protože nemají důvěru v Boha Stvořitele.

Ačkoliv Nikodém měl dobré srdce, neměl opravdovou víru. Nedůvěřoval Ježíši jako Božímu Synu a Mesiáši, proto Ježíše nenavštívil otevřeně ve dne - učinil tak v noci.

Ježíš pomáhá Nikodémovi k duchovnímu pochopení

Ježíš řekl Nikodémovi: *"Amen, amen, pravím tobě, nenarodí-li se kdo znovu, nemůže spatřit království Boží"* (Jan

3:3).

Nicméně, Nikodém to nemohl vůbec pochopit. Potom se znovu zeptal: "Jak se může člověk narodit, když už je starý?" Neměl duchovní víru, proto se divil: "Nemůže přece vstoupit do těla své matky a podruhé se narodit."

Potom mu Ježíš pověděl o narození z vody a Ducha: *"Amen, amen, pravím tobě, nenarodí-li se kdo z vody a z Ducha, nemůže vejít do království Božího. Co se narodilo z těla, je tělo, co se narodilo z Ducha, je duch"* (Jan 3:5-6).

Když se Nikodém podivoval nad tím, co Ježíš řekl, Ježíš to vysvětlil v podobenství: *"Vítr vane kam chce, jeho zvuk slyšíš, ale nevíš, odkud přichází a kam směřuje. Tak je to s každým, kdo se narodil z Ducha"* (Jan 3:8).

Po Adamově neposlušnosti duch každého člověka umíral a každý od té doby neodvratně směřoval k smrti. Nicméně, duch člověka znovu ožívá potom, co se narodí z Ducha svatého. Protože se stane duchovním člověkem, obnovuje Boží obraz a je spasen. Avšak Nikodém nepochopil, co tím Ježíš myslel (Jan 3:9).

Proto se zeptal: "Jak se to může stát?" Ježíš odpověděl:

Jestliže nevěříte, když jsem vám mluvil o pozemských věcech, jak uvěříte, budu-li mluvit o nebeských? Nikdo nevstoupil na nebesa, leč ten, který sestoupil z nebes, Syn člověka. Jako Mojžíš vyvýšil hada na poušti, tak musí být vyvýšen Syn člověka, aby každý, kdo v něho věří, měl život věčný (Jan 3:12-15).

V Numeri 21:4-9 Izraelité, kteří byli vyvedeni z Egypta, mluvili proti Mojžíšovi, protože svou cestu do Kenaanu stále hůř snášeli. Nato od nich Bůh odvrátil svou tvář a poslal na ně jedovaté hady, kteří je štípali. Když křičeli o pomoc, Bůh pověděl Mojžíšovi, aby vyrobil bronzového hada a připevnil jej na žerď. Bůh zachránil každého, kdo se na hada podíval, ale vzdorovití lidé umírali, protože se ve své nedůvěře ani neobtěžovali na hada podívat.

Pochopit duchovní význam Božího slova

Proč Bůh přikázal udělat bronzového hada a připevnit ho na žerď? Z Genesis 3:14 víme, že had byl proklet. Navíc, Galatským 3:13 říká: *"Proklet je každý, kdo visí na dřevě."*

Proto připevnění bronzového hada na žerdi symbolizuje, že Ježíš bude připevněn na dřevěný kříž jako prokletý had, aby vás vykoupil. Navíc, zrovna jako ten, kdo se podíval na bronzového hada, přežil, ten, kdo uvěří v Ježíše Krista, bude spasen.

Nikodém nemohl pochopit význam Božích slov, protože se ještě nenarodil z vody a Ducha a jeho duchovní zrak ještě nebyl odkryt.

Dokonce i dnes, dokud se nenarodíte z vody a Ducha a neodkryje se váš duchovní zrak, nemůžete porozumět významu duchovního poselství, protože jej můžete brát doslova a nesprávně jej pochopit.

Musíte se proto vroucně modlit, abyste vdechnutím Ducha svatého pochopili duchovní význam Božího slova. Potom Bůh milosti otevře vaše srdce a vy budete moci pochopit Boží slovo a mít opravdovou víru.

Kdy se narodíme z vody a Ducha

Když Ježíše Nikodém v noci navštívil, Ježíš mu pověděl: *"Amen, amen, pravím tobě, nenarodí-li se kdo z vody a z Ducha, nemůže vejít do království Božího. Co se narodilo z těla, je tělo, co se narodilo z Ducha, je duch"* (Jan 3:5-6).

Ujasněme si význam toho narodit se z vody a Ducha. Jak se můžete znovu narodit z vody a Ducha a dosáhnout spasení?

Voda symbolizuje vodu věčného života

Voda utišuje vaši žízeň a lahodí vnitřním orgánům vašeho těla. Rovněž očišťuje vaše tělo zvnějšku i uvnitř.

A tak Ježíš přirovnal vodu věčného života k vodě, aby vysvětlil, že vás očišťuje a přináší život.

Ježíš nám v Janovi 4:14 říká: *"Kdo by se však napil vody, kterou mu dám já, nebude žíznit navěky. Voda, kterou mu dám, stane se v něm pramenem, vyvěrajícím k životu věčnému."*

Když se napijete vody, na chvíli utišíte žízeň, ale nakonec zase žízeň dostanete. Voda v tomto biblickém textu znamená vodu věčného života. Kdokoliv se napije vody, kterou Ježíš nabízí, už nikdy nebude žíznit. Jmenovitě, "pramen, vyvěrající k životu věčnému" vám dává život.

V Janovi 6:54-55 čteme: *"Kdo jí mé tělo a pije mou krev, má život věčný a já ho vzkřísím v poslední den. Neboť mé tělo je pravý pokrm a má krev pravý nápoj."* A sice, Ježíšovo tělo a jeho krev jsou vodou věčného života.

Navíc se jeho "tělo" vztahuje na Bibli, protože Ježíš je Slovo, které přišlo na tento svět v těle. Jíst jeho tělo znamená pamatovat si jeho slovo skrze čtení Bible.

Ježíšova krev je život a život je pravda. Pravda je Kristus a Kristus je Boží moc. Toto všechno je Ježíšova krev. Protože Boží moc přichází s vírou, pít Ježíšovu krev znamená poslouchat jeho slovo s vírou.

Dozvěděli jste se, že voda v duchovním pojetí symbolizuje Ježíšovo tělo - to jest Boží slovo a beránka Božího. Způsobem, jakým voda očišťuje vaše tělo, smývá Boží slovo hříšné věci z vašeho srdce.

To je důvod, proč jste v církvi křtěni vodou. Křest symbolizuje, že jste Božím dítětem a jsou vám odpuštěny hříchy. Mimoto to znamená, že byste měli přemýšlet nad Božím slovem a být jím každý den očištěni.

Narodit se znovu z vody

Jak tedy potom můžete smýt špínu ze svého srdce Božím slovem, které je vodou věčného života?

Existují čtyři typy příkazů, které nám Bůh dává: "Dělat," "nedělat," "dodržovat" a "zavrhovat." Například, Bůh vám řekl, abyste se nedopouštěli takových věcí jako jsou závist, nenávist, souzení, krádež, cizoložství a vražda.

Stejným způsobem byste neměli dělat to, co je zakázáno a současně byste měli zavrhnout veškerou špatnost. Měli byste také dodržovat sabat, evangelizovat, modlit se a milovat se navzájem. Vaše srdce se potom bude postupně plnit pravdou s pomocí Ducha svatého a Boží slovo smyje vaši nepravost či hřích. Tímto způsobem může být vaše srdce obřezáno a proměněno v pravdivé jednáním v souladu s Božím slovem a to je "narození z vody."

Proto, abyste dosáhli úplného spasení, neměli byste Ježíše pouze přijmout, ale také obřezat své srdce uposlechnutím Božího slova v každé chvíli vašeho života.

Narodit se znovu z Ducha

Abyste získali spasení, musíte se narodit z vody a také z Ducha. Jak se můžete narodit z Ducha? Ve Skutcích 19:2 se apoštol Pavel zeptal některých učedníků: "Když jste uvěřili, přijali jste Ducha svatého?" Co znamená přijmout Ducha svatého?

První člověk Adam se skládal z "ducha," "duše" a "těla" (1 Tesalonickým 5:23), ale jeho duch v důsledku neposlušnosti zemřel. Pak se stal tvorem, který není lepší než zvíře, vytvořeným z duše a těla (Kazatel 3:18).

Pokud činíte ze svých hříchů pokání a uznáte, že jste hříšní, Bůh vám dá Ducha svatého jako dar a doklad toho, že jste jeho dítětem (Skutky 2: 38).

Všechny Boží děti, které dostanou Ducha svatého, jsou schopny rozlišovat mezi dobrem a zlem pomocí Božího slova a žít podle Božího slova s použitím moci a síly z nebe skrze své vroucí a ustavičné modlitby.

Touto cestou se změníte v pravdu a získáte duchovní víru do

té míry, že dáte skrze Ducha svatého život duchu. V Janovi 3:6 se říká: *"Co se narodilo z těla, je tělo, co se narodilo z Ducha, je duch"* a Jan 6:63 zaznamenává: *"Co dává život, je Duch, tělo samo nic neznamená. Slova, která jsem k vám mluvil, jsou Duch a jsou život."*

Staňte se následováním Ducha svatého duchovním člověkem

Když se narodíte z vody a Ducha, získáte občanství v nebesích (Filipským 3:20). Jako Boží dítě navštěvujete bohoslužby, s radostí chválíte Pána a snažíte se žít ve světle.

Před tím, než jste obdrželi Ducha svatého, žili jste ve tmě, protože jste neznali pravdu. Nicméně, potom co jste dostali Ducha svatého, zkoušíte žít ve světle.

Jak jde čas, zjišťujete, že zatímco máte v srdci radost, neustále uvnitř zápasíte. To proto, že zákon Ducha, který následuje touhy Ducha svatého, zápasí proti zákonu hříšné přirozenosti, která následovala dychtivost hříšného člověka, žádostivost jeho očí a pýchu života (1 Janův 2:16).

Apoštol Pavel o svém zápase říkal následující: *"Ve své nejvnitřnější bytosti s radostí souhlasím se zákonem Božím; když však mám jednat, pozoruji, že jiný zákon vede boj proti zákonu, kterému se podřizuje má mysl, a činí mě zajatcem zákona hříchu, kterému se podřizují mé údy. Jak ubohý jsem to člověk! Kdo mě vysvobodí z tohoto těla smrti?"* (Římanům 7:22-24)

Když se narodíte z vody a Ducha, stanete se právě Božím

dítětem. To neznamená, že jste duchovně dokonalým člověkem. Proto nám Galatským 5:16-17 říká: *"Chci říci: Žijte z moci Božího Ducha, a nepodlehnete tomu, k čemu vás táhne vaše přirozenost. Touhy lidské přirozenosti směřují proti Duchu Božímu, a Boží Duch proti nim. Jde tu o naprostý protiklad, takže děláte to, co dělat nechcete."*

Abyste následovali Ducha svatého, měli byste žít podle Božího slova a uskutečňovat svou vůli tak, aby to bylo pro Boha přijatelné a jemu milé. A tak, jestliže budete následovat touhy Ducha, nebudete pokoušeni a budete schopni porazit nepřítele ďábla a satana, který vás svádí k následování tužeb vaší hříšné přirozenosti. Budete moci žít pravdou a oddat se věrně Božímu království a jeho spravedlnosti.

Když budete následovat tužby Ducha svatého, dosáhnete radosti a pokoje. Nicméně, budete nešťastní a zubožení, pokud budete následovat touhy své hříšné přirozenosti.

Jak bude zrát vaše víra, budete moci opouštět své hříchy a následovat touhy Ducha svatého ve všech oblastech. Ty touhy ve vás, které chtějí následovat vaši hříšnou přirozenost, zmizí. Navíc, nebudete muset bojovat, abyste zavrhli hříchy a nebudete nešťastní. Budete se moci radovat za všech okolností.

Bůh má radost z těch, kdo žijí touhami Ducha. Dává jim touhy jejich srdce, jak nám slibuje v Žalmu 37:4: *"Hledej blaho v Hospodinu, dá ti vše, oč požádá tvé srdce."*

Jestliže proměníte své srdce v srdce naplněné pouze pravdou, Bůh z vás bude mít velkou radost a všechno vám umožní. Doufám, že se narodíte z vody a Ducha a budete žít v souladu s tužbami Ducha svatého.

Tři důkazy: Duch, voda a krev

Jak jsem již vysvětlil, abyste byli spaseni, musíte se narodit z vody a Ducha. Nicméně, abyste dosáhli úplného spasení, musíte být Ježíšovou krví očištěni od hříchů chozením ve světle. Pokud není vaše srdce očištěné, máte stále hříchy. Proto potřebujete krev Ježíše Krista, abyste byli očištěni od zbývajících hříchů.

Ohledně toho nám 1 Janův 5:5-8 říká následující:

Kdo jiný přemáhá svět, ne-li ten, kdo věří, že Ježíš je Syn Boží? To je ten, který přišel skrze vodu a krev: Ježíš Kristus. Ne pouze skrze vodu křtu, ale i skrze krev kříže; a Duch o tom vydává svědectví, neboť Duch jest pravda. Tři jsou, kteří vydávají svědectví - Duch, voda a krev - a ti tři jsou zajedno.

Ježíš přichází s vodou a krví

V Janovi 1:1 čteme, že: *"to Slovo byl Bůh"* a v Janovi 1:14: *"A Slovo se stalo tělem a přebývalo mezi námi. Spatřili jsme jeho slávu, slávu, jakou má od Otce jednorozený Syn, plný milosti a pravdy."* Totiž Ježíš, jediný Boží Syn a samotné Slovo Boží, přišel na zem v těle, aby nám odpustil hříchy. Dokonce i dnes nás nepřestává očišťovat Božím slovem - Biblí.

Nicméně, nemůžete žít podle Božího slova bez pomoci Ducha svatého. Je nemožné, abyste zavrhli hříchy svými vlastními silami. Pomoc Ducha svatého byste měli získat skrze vroucí modlitby, abyste mohli odstranit žádostivost své hříšné přirozenosti, touhu svých očí a pýchu života. Až potom můžete vyhnat tmu nepravdy ze svého srdce.

Navíc, k odpuštění potřebujete prolitou krev. V Židům 9:22 se říká: *"Podle zákona se skoro vše očišťuje krví, a bez vylití krve není odpuštění."* Potřebujete Ježíšovu krev, protože pouze jeho nevinná krev bez poskvrny vám dá odpuštění.

Abyste získali spasení, musíte uvěřit v Ježíše, který přišel ve vodě a krvi a obdržet Ducha svatého jako dar od Boha. K tomu potřebujete následující tři věci: Ducha, vodu a krev.

Bez prolití krve není odpuštění a vy setrváte ve hříchu. Nepotřebujete pouze Slovo - vodu - abyste byli očištěni, ale rovněž Ducha svatého, který vám pomůže žít zcela podle tohoto Slova. Takže tyto tři věci jsou v souladu.

Proto bychom po tom, co nám byly odpuštěny naše hříchy tím, že jsme přijali Ježíše Krista, měli pokračovat k narození z vody a Ducha, abychom získali dokonalé spasení, chápajíce skutečnost, že Duch, voda a krev nás dohromady spasí a povedou do nebe.

Kapitola 10

CO JE TO HEREZE?

- Biblická definice hereze
- Duch pravdy a duch klamu

V Božím lidu bývali ovšem i lživí proroci; tak i mezi vámi budou lživí učitelé, kteří budou záludně zavádět zhoubné nauky a budou popírat Panovníka, který je vykoupil. Tím na sebe uvedou náhlou zhoubu. A mnozí budou následovat jejich nezřízenost a cesta pravdy bude kvůli nim v opovržení. Ve své hrabivosti budou vám předkládat své výmysly, aby z vás těžili. Soud nad nimi je už připraven a jejich zhouba je blízká.

2 Petrův 2 :1-3

S rozvojem materialistické civilizace dospěli lidé k popření Boha, protože spoléhají na svou moudrost a vědění. S rozšířením hříchů lidské duše potemněly a lidé se stali prodejnými. Mnoho lidí je oklamáno lžemi, protože neumí rozlišovat mezi pravdou a klamem. Rovněž dělají chybu v tom, že soudí druhé lidi na základě svých vlastních rádoby správných poznatků a teorií.

V Matoušovi 12:22-32 Ježíš uzdravil člověka posedlého démonem, který byl slepý a němý. Nicméně, když to farizeové slyšeli, řekli: *"On nevyhání démony jinak, než ve jménu Belzebula, knížete démonů"* (v. 24). Domnívali se, že byl Boží skutek proveden démonem.

Ježíš jim v Matoušovi 12:31-32 řekl: *"Proto pravím vám, že každý hřích i rouhání bude lidem odpuštěno, ale rouhání proti Duchu svatému nebude odpuštěno. I tomu, kdo by řekl slovo proti Synu člověka, bude odpuštěno; ale kdo by řekl slovo proti Duchu svatému, tomu nebude odpuštěno v tomto věku ani v budoucím."*

Farizeové usoudili, že to, co Ježíš učinil z Boží moci, byla práce démona. To je rouhání odporující Duchu svatému. Těmto farizeům proto nemohlo být za žádnou cenu odpuštěno.

Pokud jasně rozlišujete mezi pravdou a lží podle Bible, nebudete soudit druhé lidi ani nebudete oklamáni tím, co je lež.

Pojďme se dále ponořit do "hereze" z Boží perspektivy, naučit se, jak rozlišovat mezi Božím Duchem a zlými duchy a podívat se na některé heretické sekty, na které si musíte dávat pozor.

Biblická definice hereze

Oxfordský slovník definuje "herezi" jako "víru nebo názor, který odporuje principům konkrétního náboženství." Někteří lidé považují za správné pouze to, čemu věří oni, ale ostatní náboženství pokládají za heretická. Například pro budhistu je pouze budhismus pravdivou a správnou cestou. Ostatní náboženství jako konfuciánství nejsou pravdivá.

Pavel zatčen jako vůdce heretické sekty

Ve Skutcích 24:5 čteme: *"Shledali jsme, že tento člověk jako morová nákaza po celém světě vyvolává nepokoje mezi Židy a je hlavou nazorejské sekty."* Výrazem "nazorejská sekta" se zde myslí "heretická sekta" a toto je první místo v Bibli, ve kterém se objevuje slovo "heretická."

Židé proti Pavlovi vznesli před místodržícím žalobu, protože se mysleli, že evangelium, které Pavel kázal, bylo heretické. Pavel toto obvinění vyvrátil a dále prohlašoval svou víru, jak je zaznamenáno ve Skutcích 24:13-16.

A nemohou dokázat před tebou nic, pro co mě nyní žalují. Přiznávám se ti však k tomu, že podle směru, který oni označují za sektu, sloužím Bohu svých předků:

Věřím všemu, co je napsáno v zákoně Mojžíšově a v prorockých knihách, a tak jako oni mám naději v Bohu, že jednou spravedliví i nespravedliví vstanou k soudu. Proto i já se vždy snažím zachovat neporušené svědomí před Bohem i lidmi.

Byl apoštol Pavel skutečně heretik?

Vyhledejte si definici hereze v Bibli, protože Bible je Boží slovo, jediná pravdivá podstata, která dokáže rozlišovat pravdu od lži. Výraz, který má aplikaci "heretické sekty," se v Bibli objevuje pětkrát. Nicméně, definice hereze se zde projednává pouze jednou:

> *V Božím lidu bývali ovšem i lživí proroci; tak i mezi vámi budou lživí učitelé, kteří budou záludně zavádět zhoubné nauky a budou popírat Panovníka, který je vykoupil. Tím na sebe uvedou náhlou zhoubu (2 Petrův 2:1).*

"Panovníkem, který je vykoupil" se myslí Ježíš Kristus. Člověk původně patřil Bohu a žil podle jeho vůle. Nicméně, po své neposlušnosti se stal Adam hříšníkem patřícím ďáblu. Bůh měl ale s lidmi, kteří sešli na stezku smrti, slitování. Poslal Ježíše, svého jediného Syna, jako oběť smíření a dopustil, aby byl ukřižován, takže mohl svou krví otevřít cestu spasení.

Bůh pro nás, kteří jsme patřili ďáblu, vybojoval to, že když uvěříme v Ježíše Krista, odpustí nám naše hříchy. Obdržíme rovněž život a budeme znovu patřit Bohu. Proto můžeme říct, že Ježíš nás svým ukřižováním vykoupil a Bible vám říká, že Ježíš je "svrchovaný Pán, který je vykoupil."

Heretici popírají Ježíše Krista

Nyní víte, že označení "heretik" se vztahuje na *"ty, kdo popírají Panovníka, který je vykoupil. Tím na sebe uvedou náhlou zhoubu"* (2 Petrův 2:1). Tento termín nebyl nikdy použit, dokud Ježíš nedokončil své poslání Spasitele. Jméno "Ježíš" znamená "[ten, kdo] spasí svůj lid z jeho hříchů." "Kristus" je "Pomazaný." Ježíš se stal Spasitelem až potom, co dokončil svou práci - být ukřižován a vzkříšen.

To je důvod, proč nemůžete tento termín najít ve Starém zákoně nebo v evangeliích Matouše, Marka, Lukáše a Jana, ve kterých je zaznamenán Ježíšův život. Dokonce ani farizeové, učitelé zákona, a kněží, kteří pronásledovali Ježíše, nepoužili tento termín. Nepoužili jej ani nejvyšší kněží.

Až potom, co byl Ježíš vzkříšen, aby uskutečnil své poslání jako Kristus, objevili se "lidé popírající Panovníka, který je vykoupil." A až potom nás Bible začala varovat před těmito heretiky.

Proto, pokud lidé věří v Ježíše Krista jako "Panovníka, který je vykoupil," nejsou heretiky. Nicméně, jestliže toto popírají, jsou heretiky.

Apoštol Pavel nepopíral Ježíše Krista, který jej vykoupil svou vzácnou krví. Namísto toho vzdával Pavel díky Ježíši Kristu, kterého prohlašoval, kamkoliv šel. Byl pronásledován a musel zaplatit vysokou cenu. Pětkrát dostal od Židů čtyřicet ran bičem bez jedné. Jednou byl kamenován. Byl uvězněn, pronásledován pohany a svými vlastními krajany a zrazen těmi, kterým důvěřoval. Navzdory tomuto všemu se stal Pavel, který zdolal tato utrpení s radostí a vděčností, mužem veliké moci a oslavil Boha uzdravením bezpočtu lidí ve jménu Ježíše Krista až do dne, kdy zemřel mučednickou smrtí.

Pavel kázal evangelium demonstrující Boží moc

Vězte, že Boží moc nemohou projevit ti, kdo popírají Boha Stvořitele a Ježíše Krista, který je ve své samotné podstatě Bohem, protože Bible jednoznačně říká: *"Bůh promluvil jednou, dvojí věc jsem slyšel: Bohu patří moc"* (Žalm 62:12).

Nesmíte soudit člověka, u kterého se projevuje Boží moc, protože tato moc dokazuje, že Bůh je s ním a že tento člověk Boha velmi miluje. V Galatským 1:6-8 Pavel, který byl nazván vůdcem nazorejské sekty, přísně varuje před následováním nebo kázáním jiného evangelia, než je poselství kříže:

> *Divím se, že se od toho, který vás povolal milostí Kristovou, tak rychle odvracíte k jinému evangeliu. Jiné evangelium ovšem není; jsou jen někteří lidé, kteří vás zneklidňují a chtějí evangelium Kristovo obrátit v pravý opak. Ale i kdybychom my nebo sám anděl z nebe přišel hlásat jiné evangelium než to, které jsme vám zvěstovali, budiž proklet!*

Dokonce i dnes jsou někteří lidé považováni za heretiky, třebaže nikdy nepopřeli Ježíše Krista, ale pouze káží evangelium Kristovo a prohlašují živého Boha tak, že projevují Boží moc a pracují s ní.

Nesuďte lehkomyslně druhé jako heretiky

Já sám jsem rovněž utrpěl a vystál řadu zkoušek kvůli naříčení z hereze, protože jsem projevoval Boží moc a má církev rostla rychleji. Ve skutečnosti vzrostl počet členů církevního shromáždění za posledních dvacet let na více než 80 000 členů, neboť církev byla založena v roce 1982.

Po sedm let jsem byl kdysi sužován mnoha nemocemi a byl Boží mocí v jediné chvíli uzdraven. Potom jsem zkoušel žít pro Boží slávu stejně jako apoštol Pavel, ať už jsem jedl nebo pil. Odevzdal jsem život do Božích rukou a řídil se heslem "Pouze Ježíš, navždy Ježíš."

Jako laik jsem se pokoušel vydávat svědectví o tom, jak mě Bůh uzdravil a kázat evangelium. Potom, co jsem byl povolán jako Boží služebník, jsem kázal poselství kříže a prohlašoval živého Boha a Ježíše Spasitele. Svědčil jsem o Bohu, i když jsem konal svatební obřady, protože jsem chtěl zavést na cestu spasení ještě více lidí.

Uvědomil jsem si, že k tomu, abych byl Pánovým svědkem až na konec světa, jsou nezbytné jak mocné Boží slovo, tak důkaz živého Boha. Tak jsem se horlivě modlil jako praotcové víry, abych obdržel Boží moc a obstál ve všech zkouškách, které mne potkají, s vděčností a radostí.

Občas mě potkaly smrtící zkoušky. Nicméně, jako Ježíš obdržel slávu vzkříšení po své nevinné smrti, tak i Bůh zvětšil mou moc v souladu se svou vůlí, kdykoli jsem překonal další z řady zkoušek.

Následkem toho pokaždé, když jsem po celém světě svědčil o tom, proč je Bůh jediným pravým Bohem a proč jste spaseni, když uvěříte v Ježíše Krista - v Keni, Ugandě, Hondurasu, Japonsku i silně muslimském Pákistánu a hinduistické zemi Indii - učinilo od roku 2000 desetitisíce lidí pokání, slepým byl navrácen zrak, němí promluvili, hluší začali slyšet a nevyléčitelné nemoci jako jsou AIDS a různé druhy rakoviny byly vyléčeny. Tyto zázraky velmi oslavily Boha.

Proto ten, kdo zcela rozumí tomu, co je to hereze, nesoudí druhé lehkomyslně jako heretiky. Ve Skutcích 5:33-42 čtete o Gamalielovi, učiteli zákona, kterého si vážil všechen lid. Jak se zachoval?

V té době farizeové Sanhedrinu zakázali Petrovi a Janovi svědčit o Ježíši Kristu, ale ti byli plni Ducha svatého a radu neuposlechli. A tak chtěli dát členové Sanhedrinu apoštoly zabít. Avšak Gamaliel v Sanhedrinu vstal a poručil, aby muže na chvíli vyvedli ven. Potom je oslovil:

Dobře si rozmyslete, Izraelci, co s těmi lidmi chcete udělat. Před nedávnem povstal Theudas a tvrdil, že je Vyvolený; přidalo se k němu asi čtyři sta mužů. Když byl zabit, byli všichni jeho stoupenci rozprášeni a nakonec z toho nebylo nic. Po něm povstal ve dnech soupisu Judas Galilejský a strhl za sebou lid; také on zahynul a jeho stoupenci byli rozehnáni. Proto vám teď radím: Nechte tyto lidi a propusťte je. Pochází-li tento záměr a toto dílo z lidí, rozpadne se samo; pochází-li z Boha, nebudete moci ty lidi vyhubit - nechcete přece bojovat proti Bohu (Skutky 5:35-39).

Když čtete tuto pasáž, uvědomíte si, že pokud by nebylo zázračné dílo od nebo z Boha, nakonec by selhalo, i kdyby lidé neudělali žádné kroky, aby ho zastavili. Ale, i kdyby odporovali nebo narušovali dílo, které je od Boha, nebyli by schopni toto dílo zastavit. Namísto toho se jejich námaha neliší od zápolení proti Bohu a oni budou podléhat jeho potrestání a soudu.

Občas lidé soudí druhé jako heretiky kvůli rozdílnostem ve výkladu Bible, vizím od Ducha svatého a dokonce jazykům, ačkoliv oni všichni uznávají Trojici a to, že Ježíš Kristus přišel v těle.

Někteří lidé dokonce říkají, že nepotřebují jazyky ani vize a že jsou tyto projevy Ducha svatého mylné, protože neexistuje žádný záznam o tom, že Ježíš mluvil jazyky nebo měl vize. Nicméně, Bible říká, že jsou pro nás dobré:

Každému je dán zvláštní projev Ducha ke společnému prospěchu. Jednomu je skrze Ducha dáno slovo moudrosti, druhému slovo poznání podle téhož Ducha, někomu zase víra v témž Duchu, někomu dar uzdravování v jednom a témž Duchu, někomu působení mocných činů, dalšímu zase proroctví, jinému rozlišování duchů, někomu dar mluvit ve vytržení, jinému dar vykládat, co to znamená. To všechno působí jeden a týž Duch, který uděluje každému zvláštní dar, jak sám chce (1 Korintským 12:7-11).

Neosočujte a nesuďte tudíž ty, kdo mají různé druhy darů Ducha jako heretiky jen proto, že jste je vy sami nezakusili.

Duch pravdy a duch klamu

V 2 Petrově 2:1-3 existuje výklad hereze. Bible vás varuje před falešnými proroky a učiteli, kteří skrytě zavádějí zhoubné hereze. *"A mnozí budou následovat jejich nezřízenost a cesta pravdy bude kvůli nim v opovržení. Ve své hrabivosti budou vám předkládat své výmysly, aby z vás těžili. Soud nad nimi je už připraven a jejich zhouba je blízká"* (2 Petrův 2:2-3).

Také 1 Janův 4:1-3 říká: *"Milovaní, nevěřte každému vnuknutí, nýbrž zkoumejte duchy, zda jsou z Boha; neboť mnoho falešných proroků vyšlo do světa.. Podle toho poznáte Ducha Božího: Každé vnuknutí, které vede k vyznání, že Ježíš Kristus přišel v těle, je z Boha; každé vnuknutí, které nevede k vyznání Ježíše, z Boha není. Naopak, je to duch antikristův, o němž jste slyšeli, že přijde, a který již nyní je na světě."*

Zkoumejte každého ducha, zdali je nebo není od Boha

Existují dobří duchové náležející Bohu, kteří vás vedou ke

spasení. Naproti tomu jsou zde rovněž zlí duchové, kteří vás klamou ke zkáze.

Na jednu stranu ten, kterému je dán Duch Boží, uznává, že Ježíš Kristus přišel v těle. Věří v Trojici - Boha, Ježíše Krista a Ducha, takže je zapečetěn jako Boží dítě. Dokáže porozumět pravdě a žít podle pravdy s pomocí Ducha.

Na druhou stranu ten, kdo má ducha antikrista, odporuje Ježíši Kristu s Božím slovem a popírá jeho vykoupení. Musíte být opatrní a schopní rozpoznat antikristy, protože antikrist často pracuje mezi věřícími nesprávným používáním Božího slova.

V každém případě se popírání Ježíše Krista neliší od zápolení proti Bohu, který poslal Ježíše na tento svět.

Bible varuje před antikristem v 2 Janově 1:7-8 následovně:

Do světa vyšlo mnoho těch, kteří vás svádějí, neboť nevyznávají, že Ježíš Kristus přišel v těle; kdo takto učí, je svůdce a antikrist. Mějte se na pozoru, abyste nepřišli o to, na čem jste pracovali, ale abyste dostali plnou odměnu.

V 1 Janově 2:19 je pro nás další varování:

Vyšli z nás, ale nebyli z nás. Kdyby byli z nás, byli by s námi zůstali. Ale nezůstali s námi, aby vyšlo najevo, že nepatří všichni k nám, kdo jsou s námi.

Existují dva druhy antikristů: člověk, který je posedlý duchem antikrista a člověk, který je oklamán duchem antikrista. Oba zkoušejí oklamat člověka, kdekoliv přebývá Duch svatý. Zmocňují se lidí, aby odporovali Božímu slovu a klamou je skrze své myšlenky. Lidem, jejichž myšlenky jsou absolutně ovládány duchem antikrista, se říká "posedlí démonem." Jestliže je duchovnímu dán duch antikrista, členové církve stále postupují směrem k cestě zkázy chyceni duchem antikrista. Proto musíte jasně poznat Ducha pravdy a ducha klamu, abyste nebyli oklamáni duchem antikrista, ale žili podle pravdy a světla.

Jak rozpoznávat duchy

V 1 Janově 4:5-6 čteme: *"Oni jsou ze světa; proto z nich mluví svět a svět je slyší. My jsme z Boha; kdo zná Boha, slyší nás, kdo není z Boha, neslyší nás. Podle toho rozeznáváme Ducha pravdy a ducha klamu."* Termín "klam" se vztahuje na "tvrzení, které je nepravdivé." Duch klamu je světský duch, který vás svede k tomu věřit tomu, co je nepravda jako by to byla pravda, a tak vás donutí opustit hranice víry. Totiž ten, kdo je od Boha, poslouchá slovo pravdy, ale ten, kdo patří světu, naslouchá světským věcem. A tak je snadné je rozpoznat. Zda se jedná o světlo nebo o tmu se stane zřejmým, pokud znáte pravdu. Potom můžete říct: "Tento člověk je v pravdě, ale tamten člověk je ve tmě."

Například, pokud někdo v neděli řekne: "Pojďme odpoledne na piknik. Navštivme pouze ranní bohoslužbu. Není zrovna tak dobrá?" nebo se snaží zničit Boží království tím, že praktikuje zlé triky a stále tvrdí, že věří v Boha, to je dílo ducha klamu.

Můžete porozumět mnoha věcem, které vám Bůh ochotně dává, pokud obdržíte Ducha pravdy, který je z Boha (1 Korintským 2:12-13). To je důvod, proč Duch svatý přebývá ve vás - vzácném Božím dítěti. On je Duch pravdy a vede vás do veškeré pravdy. Nemluví sám ze sebe; říká jen to, co slyšel a poví vám, co ještě přijde.

Proto Ježíš v Janovi 14:17 říká: *"Ducha pravdy, kterého svět nemůže přijmout, poněvadž ho nevidí ani nezná. Vy jej znáte, neboť s vámi zůstává a ve vás bude."* Jan 15:26 nám dává další připomenutí Ducha svatého: *"Až přijde Přímluvce, kterého vám pošlu od Otce, Duch pravdy, jenž od Otce vychází, ten o mně vydá svědectví."*

Také v 1 Korintským 2:10 čteme: *"Nám však to Bůh zjevil skrze Ducha; Duch totiž zkoumá všechno, i hlubiny Boží."* Jak je psáno, Duch svatý je jediný, kdo zcela zná a vnímá Boží mysl.

V důsledku toho ti, kdo obdrželi Ducha pravdy, naslouchají slovům pravdy a řídí se jimi. Čím více se šíří Boží království a Boží spravedlnost, tím více se radují. Jsou plní života a touží po nebeském království.

Avšak někteří navštěvují církev bez radosti, protože nemají Bohem vytvořenou víru. Stále patří světu a upřednostňují světské věci jako jsou peníze a zábava. A tak nemohou žít v pravdě, toužit po nebeském království ani milovat Boha z celého svého srdce.

Nakonec tito lidé opouštějí Boha prostřednictvím ducha klamu, protože patří světu a nemají Ducha pravdy. Také pokud někdo pomlouvá nebo šíří klepy o ostatních bratrech a sestrách ve víře nebo odvádí ostatní v závisti od věrnosti Božímu království a Boží spravedlnosti, není z Ducha pravdy.

Nikomu nedovolte, aby vás zavedl na scestí

1 Janův 3:7 nás nabádá následovně: *"Dítky, ať vás nikdo neklame: Spravedlivý je ten, kdo činí spravedlnost - tak jako on je spravedlivý."* Neodvracejte se od Božího slova, abyste nebyli podvedeni lživým věděním, protože nic než Boží slovo vás nemůže učit. Až tehdy získáte úplné spasení, budete na tomto světě vzkvétat a užijete si věčný život v nebeském království.

Nicméně, ďábel vyvine každičké úsilí k tomu, aby Božím dětem zabránil žít podle Slova a aby vás donutil uzavřít se světem kompromis, odvrátit se od Boha, zpochybňovat ho a odporovat mu. V 1 Petrově 5:8 se říká: *"Buďte střízliví! Buďte bdělí! Váš protivník, ďábel, obchází jako 'lev řvoucí' a hledá, koho by pohltil."*

Jak tedy potom může nepřítel ďábel a satan Boží děti podvést? Můžete to připodobnit k ženě, kterou svádí muž. Jestliže se žena projevuje s šarmem a důstojností a chová se způsobně, muž se neodváží ji svést. Naopak, muž snadno svede tu, která se vhodně nechová. Stejně tak se nepřítel ďábel a satan přiblíží k tomu, kdo nestojí pevně v pravdě a má o Bohu pochybnosti. Ďábel se pokouší tyto lidi odvrátit od Boha a odporovat mu a nakonec je svede na cestu smrti. Evu ďábel rovněž pokoušel, protože ji nachytal nepřipravenou, jak překroutila Boží slova.

Samozřejmě se můžete setkat se zkouškami, třebaže jste se žádné chyby nedopustili. To proto, že vám Bůh chce požehnat způsobem, který můžete vidět v Danielově zkoušce, kdy byl hozen do lví jámy nebo Abrahamově zkoušce, kdy měl obětovat svého syna jako zápalnou oběť.

Když čelíte zkouškám nebo obtížím, protože nestojíte pevně v pravdě, měli byste se s pokáním neprodleně odvrátit od svých hříchů, odehnat všechna pokušení a zkoušky Božím slovem a udělat všechno proto, abyste stáli pevně na skále pravdy.

Stůjte pevně v pravdě; nenechte se oklamat

V 1 Timoteovi 4:1-2 autor píše: *"Duch výslovně praví, že v posledních dobách někteří odpadnou od víry a přidrží se těch, kteří svádějí démonskými naukami, jsou pokrytci, lháři a mají vypálen cejch na vlastním svědomí."*

Toto se týká pozdějších časů, během nichž se někteří lidé, kteří prohlašují, že mají víru, odvrátí od své víry následováním duchů klamu a věcí vyučovaných démony.

Podvedení jsou pokrytci, třebaže se jejich konání zdá věrné a spravedlivé. Modlí se před ostatními a pokoušejí se být věrní kvůli penězům, ne kvůli vděčnosti za Boží milost. Nakonec opustí svou víru a půjdou cestou smrti, protože jejich svědomí bude lžemi, žitím v nepravdě a oddáváním se světské zábavě sežehnuto jako horkým železem.

Bůh vás v Bibli před oklamáním přísně varuje. Ježíš nás varuje v Matoušovi 7:15-16: *"Střezte se lživých proroků, kteří k vám přicházejí v rouchu ovčím, ale uvnitř jsou draví vlci. Po jejich ovoci je poznáte. Což sklízejí z trní hrozny nebo z bodláčí fíky?"*

Slova a jednání člověka odrážejí jeho myšlenky a vůli. A tak jste schopní rozpoznat lidi podle jejich ovoce. Jestliže někdo nese ovoce zla jako je nenávist, závist a žárlivost místo ovoce pravdy jako je dobrota a spravedlnost, je falešným prorokem. Mnoho falešných proroků, antikristů, je na tomto světě již přítomno. Proto musí Boží děti znát podtext hereze a rozlišovat mezi Duchem pravdy a duchem klamu.

Nepřítel ďábel a satan si nikdy nenechá ujít příležitost oklamat Boží děti a dovést je ke hříchu, kdykoliv zakolísají v pravdě. Když stojíte pevně v pravdě a řídíte se jí, nebudete oklamáni duchem klamu, ale snadno ho porazíte, i když se k vám přiblíží.

Nesmíte připustit nebo se přidržet žádného jiného učení nebo být oklamáni těmito učeními, která jsou proti pravdě. Namísto toho se řiďte Božím slovem a následujte touhy Ducha svatého, abyste byli při druhém příchodu našeho Pána Ježíše Krista odvážní a bez viny.

Ježíš nám říká: *"Dobrý člověk z dobrého pokladu srdce vynáší dobré; zlý člověk ze zlého pokladu vynáší zlé. Pravím vám, že z každého planého slova, jež lidé promluví, budou skládat účty v den soudu. Neboť podle svých slov budeš ospravedlněn a podle svých slov odsouzen"* (Matouš 12:35-37).

Dobrý člověk má dobré srdce a nemůže způsobit zlo a uškodit druhým lidem, bez ohledu na to zda je nebo není jeho jednání pro něj prospěšné.

Nicméně, zlý člověk se nemůže radovat v pravdě. Přináší

každou špatnost, aby druzí narazili na jeho závist a žárlivost. Třebaže se jeho řeč zdá být pravdivá a spravedlivá, nemůžete říct, že je dobrý člověk, jestliže má v úmyslu mluvit zle o ostatních nebo odcizit jednoho člověka druhému.

Proto se musíte vždy modlit a být bdělí, abyste nebyli oklamáni. Musíte být schopni rozpoznat, zda jsou duchové pravdiví nebo ne a nikdy nesoudit ostatní. Navíc, měli byste stát ve víře v Trojici - Otce, Syna a Ducha svatého, věřit celé Bibli, řídit se jí a žít podle ní.

"Přijď, Pane Ježíši!"

O autorovi
Dr. Jaerock Lee

Dr. Jaerock Lee se narodil v roce 1943 v Muanu, v provincii Jeonnam, v Korejské republice. Ve svých dvaceti letech trpěl Dr. Lee po dobu sedmi let rozmanitými nevyléčitelnými chorobami a očekával smrt bez jakékoliv naděje na uzdravení. Jednoho jarního dne v roce 1974 ho jeho sestra odvedla na církevní shromáždění a když poklekl, aby se pomodlil, živý Bůh ho okamžitě uzdravil ze všech jeho nemocí.

Od chvíle, kdy se skrze tuto úžasnou zkušenost Dr. Lee setkal s živým Bohem, začal Boha upřímně milovat celým svým srdcem a v roce 1978 byl povolán k tomu, aby se stal Božím služebníkem. Vroucně se modlil, aby mohl jasně porozumět Boží vůli, cele ji vykonávat a být poslušen celému Božímu slovu. V roce 1982 založil v Soulu, v Jižní Koreji, církev Manmin Church, kde se koná nesčetné Boží dílo včetně nadpřirozených uzdravení a zázraků.

V roce 1986 byl Dr. Lee při výročním shromáždění církve Jesus' Sungkyul Church of Korea ustanoven pastorem a o čtyři roky později, v roce 1990, začala být jeho kázání vysílána prostřednictvím rozhlasových stanic Far East Broadcasting Company, the Asia Broadcast Station a the Washington Christian Radio System v Austrálii, USA, Rusku, na Filipínách a v mnoha dalších zemích.

O tři roky později, v roce 1993, byla církev Manmin Central Church vybrána časopisem *Christian World* (USA) mezi "50 nejpřednějších církví na světě" a Dr. Lee obdržel od fakulty Christian Faith College na Floridě čestný doktorát z teologie. V roce 1996 získal za svou službu od semináře Kingsway Theological Seminary v Iowě titul Ph. D.

Od roku 1993 převzal Dr. Lee vedení světové misie prostřednictvím mnoha zahraničních cest do Tanzánie, Argentiny, Ugandy, Japonska, Pákistánu, Keni, na Filipíny, do Hondurasu, Indie, Ruska, Německa, Peru, Demokratické republiky Kongo, New Yorku v USA, Izraele a Estonska a v roce 2002 byl většinou křesťanských novin v Koreji kvůli své práci na rozmanitých zahraničních cestách nazván "celosvětovým pastorem."

K únor 2012 je církev Manmin Central Church kongregací s více než 120 000 členy a 10 000 domácími a zahraničními pobočkami po celé zeměkouli. Až doposud vyslala více než 129 misionářů do 23 zemí včetně Spojených států, Ruska, Německa, Kanady, Japonska, Číny, Francie, Indie, Keni a mnoha dalších.

K tomuto dni napsal Dr. Lee 64 knih včetně bestselerů *Tasting Eternal Life before Death (Ochutnání Věčného Života před Smrtí), My Life My Faith (Můj život, má víra), The Message of the Cross (Poselství Kříže), The Measure of Faith (Měřítko Víry), Heaven I & II (Nebe I & II), Hell (Peklo), Awaken Israel (Probuď se, Izraeli!) a The Power of God (Boží Moc)* a jeho práce byla přeložena do více než 73 jazyků.

Dr. Lee je v současné době zakladatelem a prezidentem mnoha misionářských organizací a asociací včetně: předseda The United Holiness Church of Jesus Christ; prezident Manmin World Mission; zakladatel & předseda výboru Global Christian Network (GCN); zakladatel & předseda výboru The World Christian Doctors Network (WCDN); a zakladatel & předseda výboru Manmin International Seminary (MIS).

Nebe I & II

Podrobný náčrt úžasného životního prostředí, z kterého se budou těšit nebeští občané a krásný popis různých úrovní nebeských království.

Můj Život, Má Víra I & II

Nejvoňavější duchovní vůně vytažená z života, který vykvetl z nepřekonatelné Boží lásky uprostřed temných vln, chladného jha a nejhlubšího zoufalství.

Ochutnání Věčného Života před Smrtí

Svědecké paměti reverenda Dr. Jaerocka Lee, který se znovu narodil, byl spasen z údolí stínů smrti a vede příkladný křesťanský život.

Měřítko Víry

Jaký nebeský příbytek, koruna a odměna jsou pro vás připraveny v nebi? Tato kniha vám poskytne moudrost a vedení, abyste dokázali změřit svou víru, co nejlépe ji tříbit a dozrát v ní.

Peklo

Vážné poselství celému lidstvu od Boha, který si přeje, aby ani jedna duše nepropadla do hloubek pekla! Objevíte nikdy předtím nezjevený popis kruté reality dolního podsvětí a pekla.